# 知識・知恵・素敵なアイデアを
# お金にする教科書

一般社団法人 発明学会会長
東京日曜発明学校校長

**中本繁実**［著］

日本地域社会研究所　　コミュニティ・ブックス

## ●小さいこと、できることを積み重ねる

大きな声で、挨拶をする。相手をほめる。約束を守る。〝ありがとう〟という。お礼の手紙を書く。……。

たとえば、白紙に〝ありがとう〟と書くだけで、晴れやかな気持ちになれます。

声を出して、読んでください。元気が出てきます。

前向きの姿勢が、すぐに、結果に結び付かなくても、必ず、自分の生きる力になります。

小さいこと、できることを積み重ねるのです。それが、視界が開ける、一つの道です。

## ●特許（発明）・アイデアの発想法には、３つのポイントがある

（１）〝不快な出来事〟が特許（発明）・アイデアの原点

毎日の仕事、生活の中で、〝クソッ！〟と腹が立つことがたくさんあります。

ああー、いやだ！　ああー、面倒（めんどう）だ！　腹が立つ！　○○が心配だ！

……、こうした不快な出来事のウラには、ヒット商品につながる源泉があります。

（２）小さな〝不〟を見逃すな

不平、不満、不便、不都合、不合理、不愉快、……。

こうした〝不〟が付くものは、どんな小さなことでも見逃してはいけません。

これくらいは、やむを得ない、……、とがまんしてはいけません。

（3）〝欠点列挙法〟で、積極的な発想へ

人は誰でも欠点を見つけることが大好きです。観察力と批判力があります。それを特許（発明）・アイデアの発想に結び付けるのです。

現在の製品、仕事のやり方、道具、器具について、欠点を見つけましょう。集中的に探せば、たくさんの欠点が見つかります。

この欠点を有効に活用するのです。改善・提案に結び付けるのです。

実益につながる特許（発明）・アイデアも、次々と生まれます。

**●特許（発明）に関する、いろんな疑問＆心配なことの答えが見つかる**

新しく開発された商品をお店で買って、実際に使ってみると〝ウン、なるほど〟よくそこに気がついたなあー。……、と嬉しくなってしまうもの。

どうしようもなく使いにくい商品（！）を買ってしまうこともあります。

みなさんも、日常生活の中で、○○の商品が、不便で、使いにくくて、困ったこと、ここがこうだったらもっと便利なのに、……、といった、体験をしたこと、ありませんか（？）

また、商品のパッケージに、「ＰＡＴ・Ｐ（特許出願中）」と印刷された文字を見つけたり、たとえば〝初恋ダイエットスリッパ〟の作品で〝億万長者〟といった話を聞いたりすると、特許（発明）に興味もわいてくるでしょう。

そういった話題がテレビ、新聞、雑誌などで紹介されます。

それも自分でもできそうな作品ばかりです。しかも、内容がワクワクする話です。

だから、〝やる気〟になるでしょう。

それでは、あなたが、素敵な作品を思いついたとき、どうすればいいのか、……、その方法は、いまはわからないと思います。でも、誰でも近い将来、特許（発明）などの知的財産権を取って、○○の作品を製品に結び付けたい。……、と願うだろうと思います。

ところが、思いつきの作品を製品に結び付けてくれそうな会社に、事業内容も調べないで、傾向と対策を練ることもなく、やみくもに、手紙を書いて、売り込み（プレゼン）をしてもスポンサーを見つけるのは苦労するものです。

その○○の作品は、特許（発明）として、まだ、未完成です。または、あなたが知らないだけで、すでに同じものがあるかもしれません。

だから、情報を集めて、それを整理するのです。そして、素敵な作品を保護することが大切です。それは、特許（発明）を取るための特許願の出願、という手続きです。

あなたの素敵な○○の作品を保護するのが〝特許（発明）などの知的財産権〟といいます。

本書は、いろんな疑問、心配なことの答えが見つかる本です。大いに活用してください。

私は、一年中、夢求（むきゅう）でがんばっています。※夢求→無休じゃないですよ。

# はじめに

思いつきで、しかも、小さな作品の知的財産権（産業財産権＋著作権）は、誰でも取れます。平等に与えられた権利です。

それで、楽しくて、ワクワク、ドキドキがいつでも体験できます。

特許（発明）の学習は、好きな時間に、好きなことだけ、やればいいのです。

時間割は、得意で、好きなテーマ「科目」だけです。楽しいから、自然に、やる気も、元気も、笑顔も出ます。

しかも、特許（発明）は特別な才能、技（わざ）は、必要ありません。

「楽しみながら、ちょっとした工夫」、「効率良くするための、ちょっとした配慮」がプロでも舌をまく、素敵な作品を誕生させます。それも、小さな特許（発明）で、何億円も稼げます。

いまは、自分と他の人（第三者）の作品の差別化ができるように、知的財産権をつくる時代です。でも、タダの「頭」、「手」、「足」を使っても、ムリ、ムダなお金を使ってはいけません。それが素敵な作品を引き出させる最短のコースです。

お金を使いすぎると長続きしません。もう一歩の練り方、磨（みが）き方で、お金「ロイヤリティ（特許の実施料）」になる作品が誕生します。

○○の作品が製品に結び付くチャンスは、老若男女を問わず誰にでもあります。私たちがいつもお世話になっている、事務用品、キッチン用品、健康グッズ、トラベル用品など便利な製品は、いま使っている商品に少しだけ改良を加えて、「頭」の一ひねりから生まれたものです。

あなたの周辺には、富の財産を得る予備軍の素材がたくさんころがっています。嬉しい、楽しい、幸せ、ありがとう、……、などを何度も体験できます。一緒に、楽しく、スタートして、あなたの知的な「頭」を使いましょう。実際に、町の発明家、サラリーマン、OL、主婦などの生活感のある作品を会社は採用しています。

あなたの素敵な○○の作品を保護するのが、特許、意匠などの知的財産権です。

## ■知的財産権＝産業財産権＋著作権

### ●産業財産権

一般的に、〝発明〟〝特許〟〝パテント（Patent）〟という言葉で代表されています。

正式には、特許、実用新案、意匠、商標の4つの種類からなり、この4つの権利の種類の総称を「産業財産権」と呼びます。

①特　許（発明の保護）　Patent　パテント

「PAT.P（Patent pending）：特許出願中」
特許の権利期間は、出願の日から20年です。
②実用新案（考案の保護）　utility model
実用新案の権利期間は、出願の日から10年です。
③意　匠（デザインの保護）　design
意匠の権利期間は、設定登録の日から20年です。
④商　標（ネーミング、サービスマークの保護）　trademark/service mark
商標の権利期間は、設定登録の日から10年です。
何度でも、更新ができます（永久権）。
「®（マルRマーク）：登録商標」（registered trademark）

● **著作権（著作物を保護）**　Copyright　「©（マルCマーク）：著作権」
著作権の権利期間は、本人の死後50年も存続します。
映画は、公表後70年です。長いです。

知的財産権の分野は、これから発展していくでしょう。

本書を、小さな特許（発明）の知的財産権を取るための入門書として、大いに活用してください。特許願の書類の書き方の参考文献は、拙著『完全マニュアル！ 発明・特許ビジネス』『思いつき・ヒラメキがお金になる！』（共に日本地域社会研究所）、『はじめの一歩 一人で特許の手続きをするならこの1冊』（自由国民社刊）などを活用してください。

本書を出版するにあたり、誰にでもわかりやすくまとめるためのご助言をいただきました、門下生のはるなえみさんに心よりお礼を申し上げます。

私（中本）は、これまで、何万件と特許（発明）の指導、育成をしてきました。その中に、共通する内容がたくさんあります。事例をそのまま紹介することはできませんが、作品を製品に結び付けるために、大切なところは、何度も繰り返し説明しています。多少くどい点があるかもしれませんがご理解ください。

令和元年12月1日

中本　繁実

もくじ

# 第1章

## 素敵な作品、私はこうしてお金にした

特許（発明）のテーマ「科目」は、自分の智力、財力を考えて、自分より少し低めのテーマ「科目」を選べば、○○の作品は製品に結び付きやすい。

## ■前編・〝億万長者〟も夢じゃない

### 1．製品に結び付けたくて日曜発明学校で発表した「洗濯機の糸くず取り具」ロイヤリティ「特許の実施料」約3億円

**●円すい状の網袋の枠に吸盤を取り付けた洗濯機の糸くず取り具「クリーニングペット」**

TV、ラジオ、新聞、雑誌などで、町の発明家が紹介されるとき、必ずといっていいほど「洗濯機の糸くず取り具」が登場します。この作品を考えたのは、昭和43年です。

東京の日曜発明学校のある日の発表に、円すい状の網袋の枠に吸盤を2個取り付けた「洗濯機の糸くず取り具」がありました。右の説明図は、最初の試作品です。

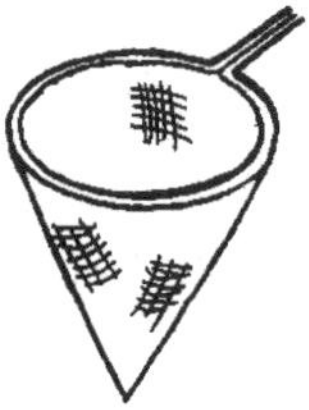

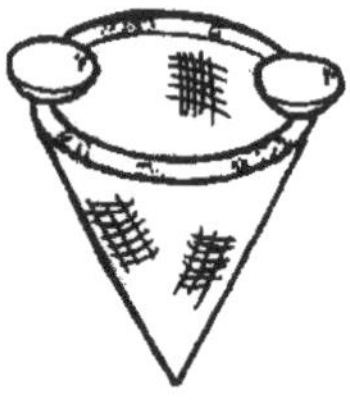

町の発明家の第一人者のSさんが考えたものです。

第一志望の会社に手紙で売り込み（プレゼン）をしても、いい返事がもらえなかったので、ど

こかのスポンサーの目にとまるかも知れない、……、と思って発表したそうです。

そのスポンサーになってくれたのがD社です。

その製品が「クリーニングペット」です。

発売して2年目に、M社が洗濯機に一個ずつ付けることになって、ここだけで、月に約15万個も売れたそうです。社外アイデアを採用してヒット商品を生んだ好例です。

**●空気袋で浮かせて糸くずを取る「クリーニングボール」**

洗濯をしているとき、水流の力で「吸盤がはずれる」ことがわかりました。それを改良して、吸盤のかわりに、枠に小さな空気袋を付けて浮かせるように工夫しました。

それがブームのときは、月約5千万円も売れたそうです。

D社は、日用品の作品を好んで製品に結び付けてくれるというので、社外の作品が集まり、洗濯関係、浴室関係で新製品が続々と生まれました。

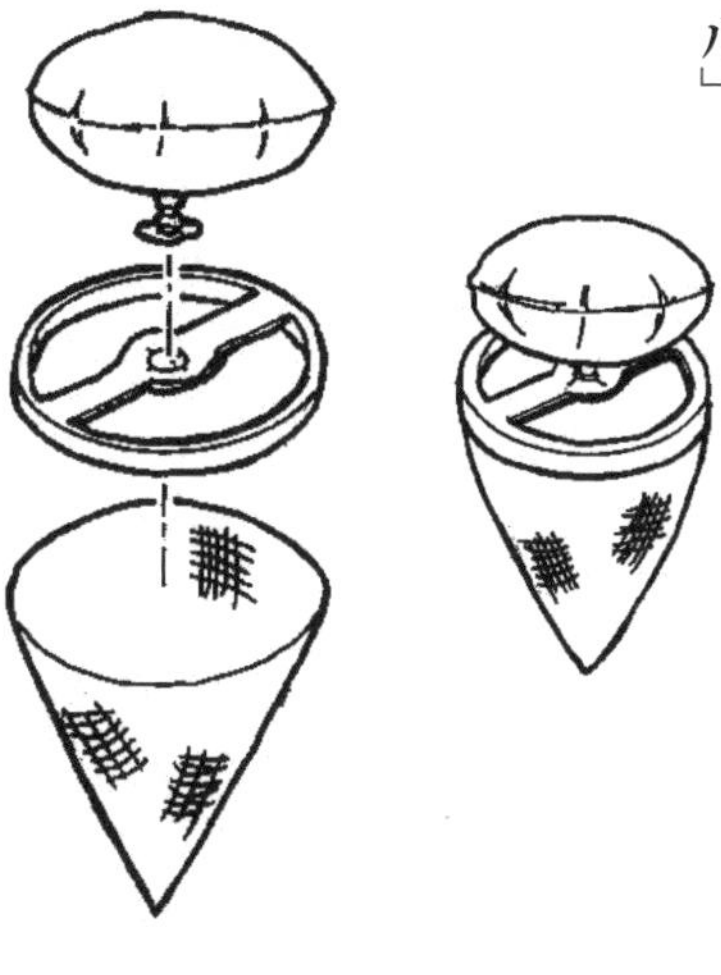

●ポイント

日曜発明学校で発表してスポンサーが見つかり、発明家のSさんは、約3億円のロイヤリティ「特許の実施料」をいただきました。

多くの人のアドバイスを聞くことが大切だ、……、ということです。

## 2. 肥満に悩んで、プラス思考で解決した「初恋ダイエットスリッパ」年、数億円の売り上げ

踵（かかと）のない短いスリッパを、テレビ、新聞、雑誌などで見たことはありませんか。

形（デザイン）が可愛くて、一見、子供用のスリッパに見えますが、この「初恋ダイエットスリッパ」は、超有名になりました。

「初恋ダイエットスリッパ」を考えたのは、主婦のNさんです。

Nさんは、家事と姑の介護によるストレスから、体重が増え、肥満に悩んでいました。

だけど、外で運動をする時間が取れない。……、でも痩せたい、という願望から、足の踵を浮

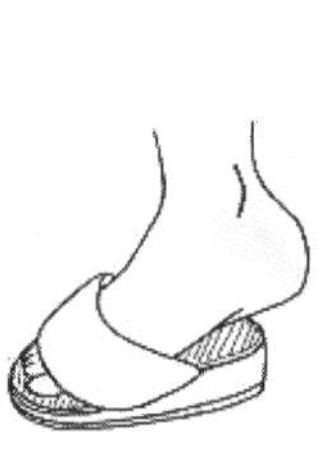

かして歩く、つま先立ち健康法をヒントに「初恋ダイエットスリッパ」を作ったのです。

姿勢が良くなり、足腰の筋肉が引き締まる「つま先立ち」は、台所などの家事をしながら、自然に、ムリをせずに、できるところがポイントです。

だけど、実際にやってみると10分と続けられませんでした。

## ●健康的なつま先立ちが自然な形でできる

つま先立ち健康法、簡単に、続けられる方法がないか、考え続けました。そこで、Nさんは、毎日、履くスリッパに注目しました。

市販されているスリッパを買ってきて、後ろを半分に折り畳んで高くしてみました。

すると、ムリをすることもなく、つま先立ちが自然な形でできたのです。

これが、「初恋ダイエットスリッパ」の原型です。手作りで試作品を作りながら、何度も実験（テスト）をしているうちに、体重が10キロも減ったといいます。

自信を得たNさんは、発明展に出品して入選しました。

その後、会社を設立し、個人で事業をはじめました。
□腰痛が楽になった。□体が軽くなった。□仕事のとき、疲れなくなった。
……、など、効果があった。……、と手紙で感謝の声を聞くと本当に嬉しいです。

……、とNさんは、笑顔で話してくれました。
自然に笑顔にもなりますよね。年間の売り上げが数億円です。

●ポイント

履き心地、踵の高さを調整するために、何足も履きつぶして、手作りで、試作品を作りながら、実験（テスト）をしました。その結果、課題（問題）が見つかれば、そこの部分を改良しながら、何か月も試しました。

ファンが多いのは、スリッパの履き心地、素材を研究しながら、試作品を作り、実験（テスト）をして、効果を確認したからです。そして、、完成度を高めたからです。

さらに、ダイエットスリッパに、「初恋」を付けて、〝初恋ダイエットスリッパ〟にしたネーミングが良かったのですね。

## 3．足で入念にチェックした乗り換えが便利な「地下鉄・乗り換えマップ」年商約3億円の起業家

Fさんは2児のお母さんです。「地下鉄・乗り換えマップ」を考えたきっかけは、子供を連れて都心に出かけたときのことです。

1人で出かけるのと違い、赤ちゃん連れは何かと大変でした。ベビーカーを抱え、地下鉄のホームでエスカレーターを探すのに四苦八苦しました。案内が少なかったのです。

そのとき、駅のホームに、エスカレーターの位置を示したマップがあれば便利なのに、……、とひらめいたのがキッカケです。

それで、乗り換えが便利なマップを作ってみようと考えたそうです。

そこで、Fさんは、ご主人が休み（土、日曜日）の日に子供を預け、駅の調査を開始したのです。

**●地下鉄の○○線の○○駅で、乗り換えが便利な車両をチェック**

駅に降りると、エスカレーター、乗り換えに近い車両をチェックしました。

案内板の情報を書き写し、次の駅に向かったのです。

約半年かかって手描きの「地下鉄・乗り換えマップ」を完成させました。

足で、入念にチェックしながら、情報を集めているだけに、確かなものです。
○○線に乗って、○○駅で○○線に乗り換えたいとき、何両目に乗車すれば、乗り換えが便利か、すぐにわかるマップです。
約50社の出版社に企画書を送ったところ、アルバイト情報誌を発行する1社から反応がありました。

20万円で契約してくれました。初めて仕事になりました。その後、多くの会社に採用され、Fさんは、会社を設立しました。アイデア一つで、年商約3億円の起業家になりました。

●ポイント
「地下鉄・乗り換えマップ」を製品に結び付けたかったので、お金はいいです、使ってください。……、といったそうです。

人に頼らず、自分にできることをやって、駅の情報を集めて、内容をまとめました。

その行動力が「地下鉄・乗り換えマップ」につながったのです。

## 4．メモ用紙を片手で、固定できるようにした「仮止め用ワンタッチメモクリップ」契約金350万円

壁、机に、一時的に、メモ用紙を止めるとき、テープ、ピンを使うのが一般的です。

木製の壁などは、化粧プリントをしているところがあります。するとメモをはがすときに、キレイな壁紙まで一緒にはがれてしまうこともあります。

会社の事務所などでは、机、棚が金属製のため、テープ、磁石クリップを使うのが一般的です。

テープ、ピン、磁石クリップは便利です。だけど、欠点もあります。

テープだと、紙が破れることです。ピンだと、紙に穴があくことです。

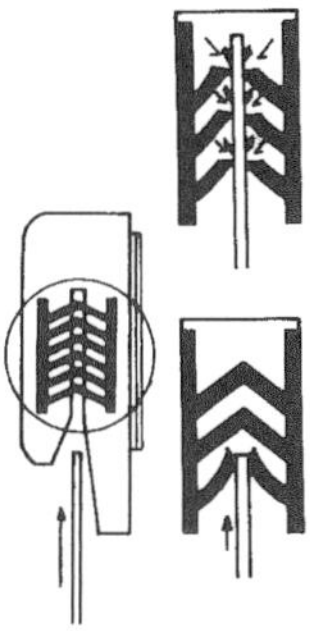

### ●メモ用紙が片手で、追加の差し込みもできる

磁石クリップは、両手を使わないと、メモ用紙をはさめません。

そこで、メモ用紙を片手でも、簡単に固定できるように考えたのが「仮止め用のワンタッチメモクリップ」です。Ｓさんの作品です。

クリップの内側に、ゴム製の棒状のひげを上下に、対称の形で、両側から、斜めに取り付けたものです。

横から見るとひげの形がへの字の形に見えます。このメモクリップを壁などに固定して、メモ用紙を下から差し込みます。しかも、追加の差し込みも片手でできます。

このメモクリップは、オフィス、家庭のあらゆる場所で使える便利なツールです。

契約金３５０万円で製品に結び付きました。

●ポイント

「仮止め用ワンタッチメモクリップ」は、差し込み式です。だから、テープ、ピンのように簡単にはがれることもなく、紙にキズはつきません。また、メモ用紙の形、サイズにこだわらず、コピー用紙で、10枚程度まで止められます。

## 5．夫婦の知恵がロイヤリティ「特許の実施料」3％「フリーサイズ式の落とし蓋」

煮物料理に欠かせない小道具の一つに落とし蓋があります。

いままでは、木製のものが多く、鍋のサイズに合わせて用意していました。

ところが、多くの家庭の台所は狭いです。

いつも使うわけではありません。だから、3枚も、4枚も、落とし蓋があっても収納場所に困ります。そこで、1枚で何種類の鍋にも使えるように考えたのは、Kさんです。

## ●夫婦で知恵を出し合う

最初は、蓋を真ん中から2つに切って横にスライドするようにしました。

いくつか試作品を作りながら、改良を重ねていくうちに夫のTさんも全面的に協力してくれるようになったそうです。

夫婦で知恵を出し合いながら、1枚で、どのサイズの鍋にもぴったりという「フリーサイズ式落とし蓋」を完成させました。

この夫婦合作の作品は、すぐにメーカーが採用してくれました。

年間に、3～4万個売れるようになり、権利も確定し、そのロイヤリティ「特許の実施料」が、

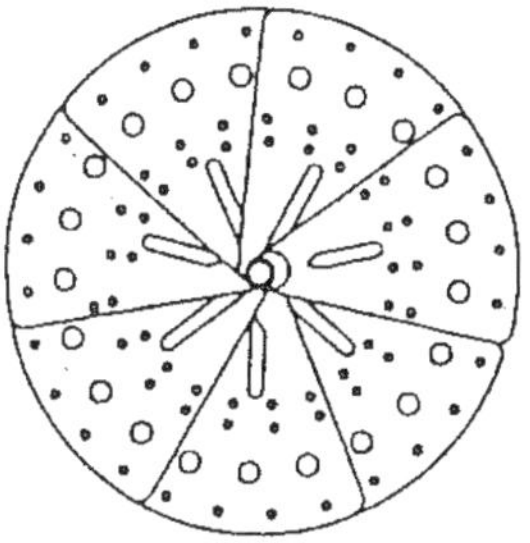

毎年400万円にもなったのです。

●ポイント

2人の趣味がピッタリ一致したので、子供も協力してくれるようになったそうです。協力者が多いほど、作品は製品に結び付きます。

## 6. 自分の腰痛を和らげたくて、考えた「骨盤安定サポーター（肉取り物語）」年商約1億円

治療院を経営しているTさんは、腰痛が和らぐ「骨盤安定サポーター（肉取り物語）」を考えました。

そして、特許を取得し、全国の腰痛持ちの方々に好評を得ました。

他の人（第三者）の治療をしながら、自分の腰痛を和らげられないものか。……、と思案した末、考えた骨盤安定サポーターです。

女性の発明団体が主催している「なるほど展」に応募し「なるほど賞」を受賞しました。

これを機に自分で「骨盤安定サポーター（肉取り物語のネーミング）」を製品に結び付けて、（一社）発明学会 会長賞も受賞しました。

腰痛を和らげるために、生まれた製品だけに、需要もますます増えると、Tさんは期待しています。

●ズレないように、お尻を覆うようにして巻き付ける

特徴は、2本のゴムベルトの両端を縫い合わせたことです。使うとき、太いゴムで骨盤を巻いて固定します。尻を覆うように巻き付けます。

体が軽くなります。着脱が簡単です。通気性が優れています。安全かつ効果が半永久的に持続するセラミックスだけを5種類以上配合し、トルマリン入りで、遠赤外線の効果のみならずイオン交換触媒作用、抗菌作用などセラミックスの特殊な物性を効果的に発揮します。……、とTさんは、自分の体験から生まれた作品だけに自信満々にPRしています。

●ポイント

一見サポーターの一種のように見えますが、患部（局部）を保護するだけでなく、腰痛を和らげられるスグレモノです。

## ■後編・小さな作品で、ロイヤリティ「特許の実施料」を

### 7．一つの分野を研究した皮むき器
### 「四徳ピーラー・ピラリー」契約金30万円
### ＋ロイヤリティ「特許の実施料」3％

雑貨の製造卸の仕事をしていたTさんですが、仕事を辞めて、特許（発明）を専門にやるようになりました。いまの肩書きは、発明家です。

年に300個の作品を考え、常に10個以上の試作品を作っているそうです。

特許（発明）一本で生計を立てようと、調理器具を中心に、すでに70個以上の作品を試作し、売り込み（プレゼン）をしています。

そして、製品に結び付いた作品の第1号になったのが、この皮むき器「四徳ピーラー・ピラリー」です。

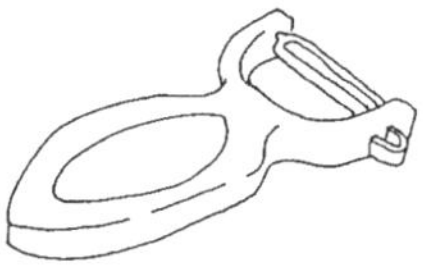

●食材によってむき方が変えられる

いままでの「皮むき器」に改良を加え、薄むき・厚むき・渋皮取り・芽取りができるように考

えたのです。

発明家として○○の作品を製品に結び付けるには、自分の得意分野をもつことです。あれこれと範囲を広げるのではなく、一つの分野を専門に研究していけば、知識もふえます。業界のことにも詳しくなります。

Ｔさんは、テーマ「科目」を、調理器具を中心にしています。

製品に結び付くかのポイントは、いままでの製品の欠点を見つけ、それをどうすれば、欠点をなくすことができるか、工夫することです。コスト、機能の面で違いが出せます。

Ｔさんは踊る発明家といわれていますが、実体は、ビンボー発明家だ、そうです。

●ポイント

専門の調理器具の他に、各種のユーモア発明にも取り組んでいます。

ユーモア発明品を作る意味は、好きなだけではなく、マスコミに紹介されることで、本来の発明品の売り込み（プレゼン）にも役立つからだそうです。テレビ番組にも数多く出演しています。

## 8. クリップを靴の形にした「表示欄を付けた靴べら」契約金30万円
## ＋ロイヤリティ「特許の実施料」３％

最近は、ホテル等の会合が多く、靴を脱いで座敷に上がることは、少なくなってきましたが、靴を脱ぐケースも多いようです。

たとえば、お通夜、法事、町内会の集会所等の会合です。

靴は、下駄箱を利用するのが一般的です。

ところが、人が多いときは、下駄箱に入りきれなくて、あふれてしまうこともあります。整理する人は大変です。

下駄箱の近くに靴をそろえて置きますが、同じような形の靴があります。型が誰にでも合うように作られています。

左右の靴を固定していないため、ばらばらになることもあります。間違った人も、注意されてはじめて気がつく、といった状態です。また、靴べらが用意されていないところもあります。

間違われないように、あらかじめ洗濯用のクリップ等を持参し、靴を固定している人もいます。

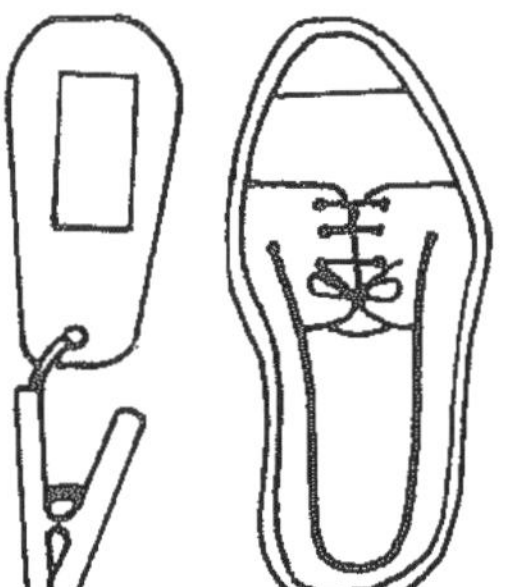

居酒屋などの飲食店で、座敷を利用することもあります。いい気持ちになって帰るとき、同じような靴が多く、自分の靴がわからなくなります。間違うこともあると思います。

そこで、ユーモア発明クラブのS師匠が考えたのが、「クリップ＋表示欄を付けた靴べら」です。この靴べラを気に入ってくれたのが、M社のK社長です。

これはいけると「クリップ＋靴べラ」の機能に、さらに、商品価値を高めるために、靴のデザインを施した試作品を作ってくれました。

## ●U字状の切り込みがクリップになる

クリップを靴の形にして、内側をU字状に切り込み、片面に氏名・住所・電話番号などの表示欄を付けた靴べラです。

使い方は簡単です。左右の靴を揃え、この靴べラ（U字状の切り込みの部分）で、靴にはさむだけです。靴に靴べラを立てたような感じになります。

これで、下駄箱がないところでも靴が目立ちます。

名前が書けるので、靴を間違うことがなくなります。左右の靴もばらばらになりません。

●ポイント

靴べらの表面に靴の模様などを描くと可愛いいです。デザインも特徴があり、ギフト用品としても最適です。

## 9．発明コンクールの入賞が製品に結び付くきっかけに「バンダナよだれ掛け・ベビーカウボーイ」と「冷蔵庫ポケット」

Sさんが、バンダナの生地を生かしたオシャレなよだれ掛けを考えたのは、生後7か月になる息子さんへの愛情からでした。

よだれ掛けが必要になったとき、お店でよだれ掛けを探しました。

サイズが必要以上に大きく、色も、淡い色のものばかりだったそうです。

●よだれ掛けがスカーフ感覚で着けられる「ベビー・カウボーイ」

Sさんは、スカーフ感覚で着けられるように考えました。

赤ちゃん用の洋服は、可愛くて、洒落たもの、ブランドものがたくさんあるのに、大きなよだれ掛けがじゃまをして、可愛い服が隠れてしまいます。

そこで、家にあったバンダナの生地を利用して、外形を円形にして、首部を半円形にくり抜き、ひもを付けた、よだれ掛けを作りました。

それを使っていたら、年齢が同じくらいの子供がいるお母さんたちの評判になりました。

その後、発明コンクールに応募しました。入賞し、デザイン賞を受賞しました。

そのとき、審査員をしていたメーカーの開発担当者の目にとまり「ベビー・カウボーイ」の名前で製品に結び付きました。

発売して、半年後に、月に約５万枚も売れる、ヒット商品になりました。

### ●ポイント

特許（発明）は〝アイデアは愛である〟といいます。

やさしさ、思いやりのある言葉です。愛情の深いお母さん、お父さん、おばあちゃんから、赤ちゃんものの作品がたくさん生まれています。

**●メッシュの素材で作った「冷蔵庫ポケット」**

Sさんは「冷蔵庫ポケット」も製品に結び付けました。

冷蔵庫内で置き場に困っている、小物のチューブ入りのわさび、辛子などの小物を収納できるように工夫したものです。

引っ掛け具を付けた長方形のメッシュの素材で作った小さなポケットです。

ドアの内側に引っかけて使います。ドアのスキ間を有効に使えます。

しかも、小物をスッキリ収納できて、中が見えるので、欲しいとき、すぐに見つかります。

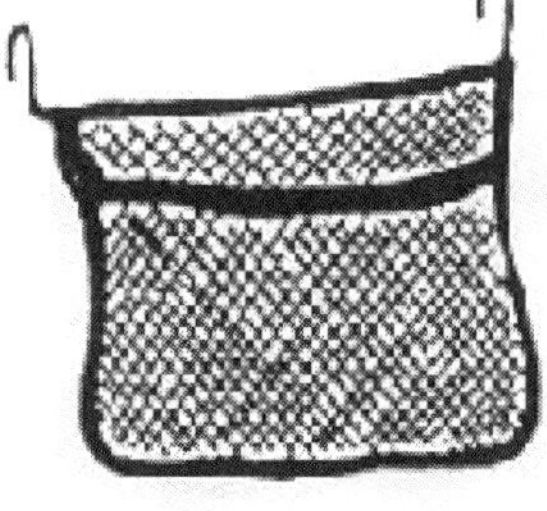

**●便利で使いやすくできるように、製品の周辺をチェック**

テーマ「科目」が見つからなかったら、いま使っている製品の周辺をチェックしてみるといいかもしれません。いくら、便利なものでも、使いにくいところがあります。

たとえば、洗濯機が全国の家庭にゆきわたったとき、洗濯機の周辺を見つめて「洗濯機の糸くず取り具」を考えたSさんは、毎月200万円くらいのロイヤリティ「特許の実施料」をいただいたそうです。

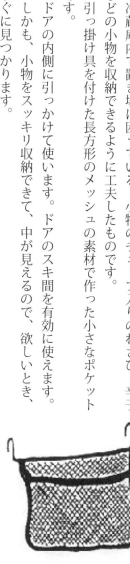

**●ポイント**

大型冷蔵庫、電子レンジなどの周辺を見れば、きっと、アイデアの種子がころがっています。困ったことを体験するのは、チャンスなのです。

## 10. 使いやすく改良して「セーター専用の洗濯ネット」ロイヤリティ「特許の実施料」3%

3児の母として、多忙な毎日を過ごしていたHさんですが、ようやく自分の時間がもてるようになって、自分をふりかえってみました。

社会でバリバリ活躍している友人もいました。

そこで、何かにチャレンジしようと、はじめたのが特許(発明)です。

Hさんは、面倒なことをそのままにするのが嫌いな性格だ

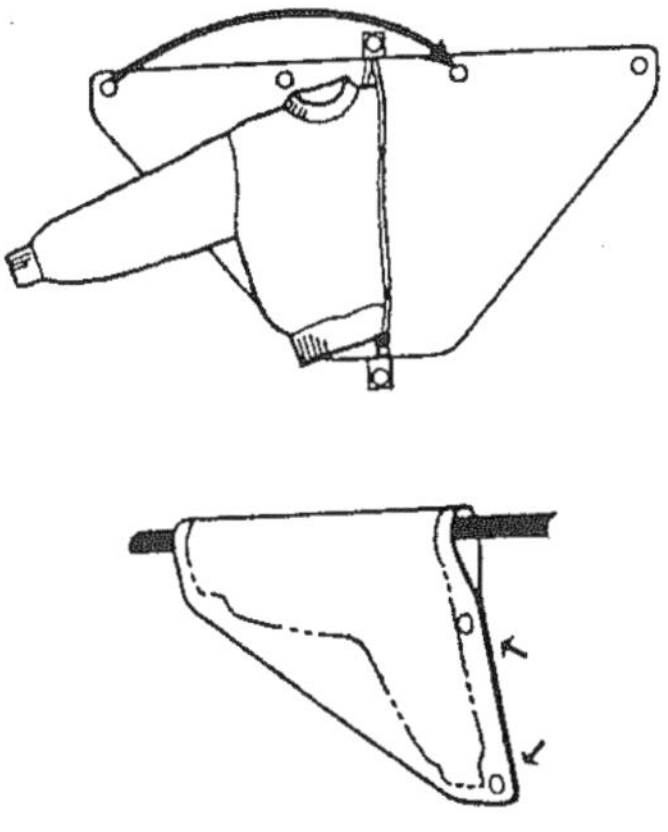

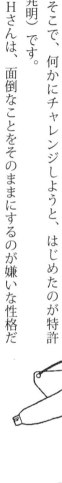

そうです。

それで、小さな特許（発明）なら、できそうだと思い、図書館で調べて、日曜発明学校に入学しました。

こうして、特許（発明）の世界に足を踏み入れてからは、思いつくごとに、チラシの裏に作品を書きとめました。数々の作品の中で、気に入ったものは試作しました。

たとえば、粉せっけんを溶けやすくする洗濯ネット。シーソースリッパ、ポシェットが買い物袋になるエコバック。生活の中から浮かんだものばかりです。

中でも、子供の創作力を養う子供のための編み具を木の素材を生かして、製品に結び付けたいと思っています。

## ●ネットにセーターをラクに入れられる「セーター専用の洗濯ネット」

「セーター専用の洗濯ネット」を考えたのも、セーターを洗うときの不便さからです。

じつは、同様の商品は以前から市販されていました。それを買って、使ってみました。

それを使うと、セーターの形がそのままという感じで、袖を通すのが面倒でした。また、大きめのセーターだと入りません。

そこで、考えたのがセーターをラクに入れられるようにすることです。また、もっとアバウトな形のほうが使いやすいのではないかと思って、三角形にしました。

それと、もう一つ、ネットに入れたままで干せるようにしました。

そうすると、パッと広げられて、そのまま物干しにかけられます。二つ折りにしてホックで止めます。型崩れ、ほこりの付着も防げます。

**●ポイント**
積極的にいろいろな方法で、不便さを解消し、使いやすく改良して「セーター専用の洗濯ネット」は誕生したのです。

## 11. ワンタッチで筋目を入れたくて、説明図と説明書を書いて売り込んだ「ウインナーカット」

Tさんが、特許（発明）に興味をもったのは、50代のときだそうです。

特許（発明）好きの夫に感化されたのがはじまりで、特許庁（東京都千代田区霞が関3－4－3）に出願した数も65件を超えるほどです。

その中で、製品に結び付いてヒット商品となったのが「ウインナーカット」です。

**●ワンタッチでカットができる**

ウインナーソーセージを調理しているときに、アッとひらめたそうです。みかけと、熱通しを良くするために、包丁で筋目を入れます。これが面倒です。そこで、ワンタッチで簡単に筋目を入れることを考えたのです。

S社に、説明図（図面）と説明書を書いて手紙で売り込み（プレゼン）をすると、すぐに、返事がきて採用が決定しました。

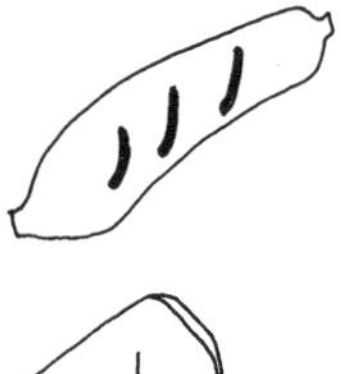

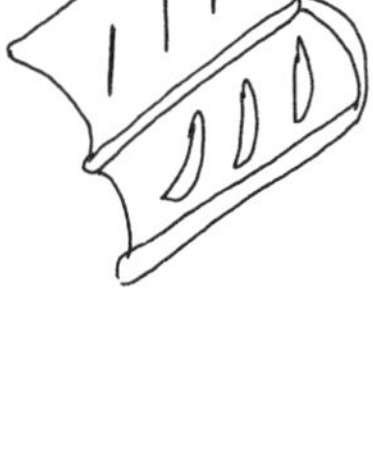

「ウインナーカット」の商品名で売り出され、2年間で約100万個、売れました。

その後も、タコ足状に切れ目を入れる「タコの姿切り」をはじめ、製品に結び付いたのは、合計10点です。そのロイヤリティ「特許の実施料」は、約2千万円になったそうです。

**●ポイント**

使っている製品の不便なところ、困ったところを、特許（発明）の目で見るとテーマ「科目」になります。

便利に改良しようと考えると、製品に結び付き、作品を考えることが楽しくなります。

## 12. 指先をキズつけない「手に優しいステンたわし」ロイヤリティ「特許の実施料」３％

主婦の何気ない発想によって生まれたヒット商品もあります。

たとえば、フライパン、鍋の煮こぼれを落とすために使う金だわしは、機能的に優れています。

力を入れて、フライパン、鍋をこするため、指先まで傷付けてしまう欠点があります。

Ｙさんは、この悩みをどうにかしたくて考えました。

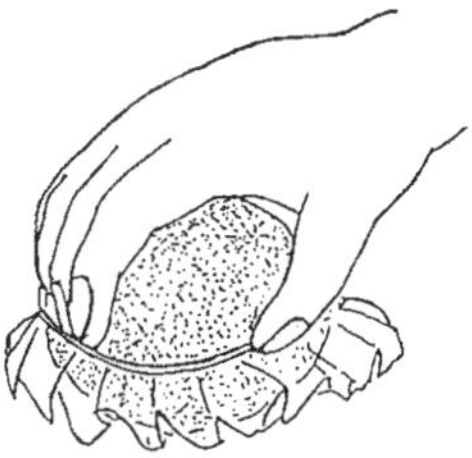

### ●金だわしにナイロンのネットを被せる

金だわしにナイロンのネットを被せてみると、握り心地も良く、何度も試作品を作っているうちに、力も十分に入ることがわかりました。

そこで、女性の発明家グループの推薦もあり、自分で作り、製品にしました。

2個のネットを1セットにして、東京・新宿のKデパートのなるほどコーナーで販売しました。するよ、好評を得ました。

それが、メーカーの開発担当者の目にとまり、本格的に製品に結び付けてくれました。

手に優しいステンたわし（金だわし付き）は、全国で販売されました。

気になるロイヤリティ「特許の実施料」は、卸価格の3％だそうです。

●ポイント

何度も試作品を作り「手に優しいステンたわし」を誕生させた、素朴な発想から生まれた作品です。

## 13．脱ぐときに使えるように工夫した「着・脱兼用の靴ベラ」契約金10万円＋ロイヤリティ「特許の実施料」3％

靴を履くときに使う靴ベラは一般的です。

これまで、靴を脱ぐときは、両方の靴の踵（かかと）をゴシゴシとこすり合わせながら靴を脱いでいる人が多かったと思います。
ところが、靴の踵の部分にキズがついてしまうという欠点がありました。

## ●靴を脱ぐときに使える靴ベラ

靴を脱ぐときに使えるように、Tさんが考えたのが「着・脱兼用の靴ベラ」です。
普通の靴ベラの先端に2か所切り込みを入れて、中央に小さな凸部を作ったのです。

## ●ポイント

切り込みを靴の踵の上縁に当てて、靴ベラを下へグイッと押します。すると、スポッと靴が脱げます。靴を履くときは、普通の靴ベラとして使えます。

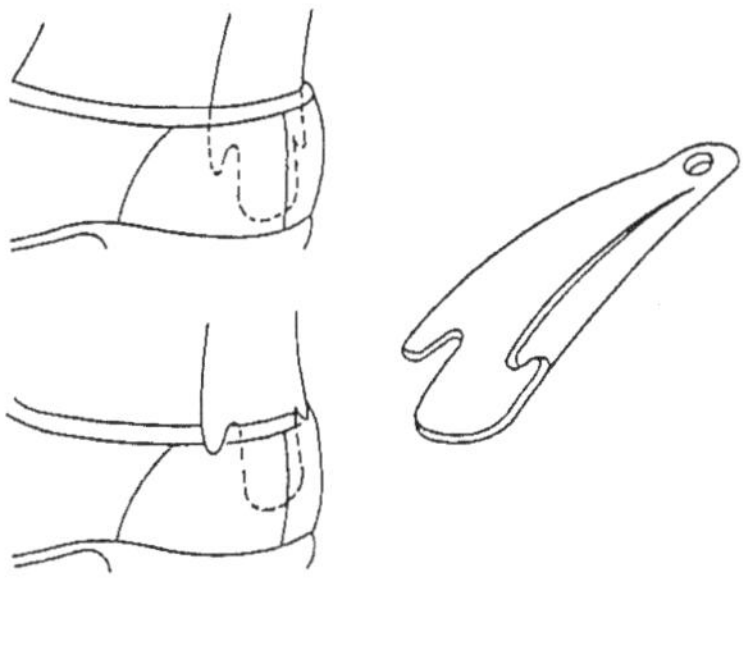

## 14. 創作文字「お・め・で・と・う・寿文字」で、契約金10万円＋ロイヤリティ「特許の実施料」3％

創作文字「お・め・で・と・う・寿文字」は、Tさんが考えた作品で、「発明コンクール」で〝特別賞〟を受賞しました。賞金・副賞付き「発明コンクール」は、社外アイデアを積極的に採用して、製品に結び付けてくれる会社が協賛しています。

この協賛会社のM社のS会長の目にとまり、契約金10万円とロイヤリティ「特許の実施料」3％で製品になったのです。

「寿」という字をくずした文字です。一見すると、ただの漢字〝寿〟に見えますが「お・め・で・と・う」のひらがなを上手く組み合わせています。

### ●ときには〝遊び心〟も必要

創作文字「お・め・で・と・う」を考えたのは、特別な意味があったわけではない。……、というTさんですが、いままでの慶事用の封筒、アルバムなどには〝遊び心〟が足りませんでした。

そこで、若い人たちのノリで楽しく使っていただきたい、と願っているようです。

きっと、用途もさらに広がるでしょう。包装紙、アルバム、色紙、シール、ラベルなどに、この〝寿（おめでとう）〟が使われています。

**●ポイント**

もっと他の用途に使えないか。……、と考えるのも「発明の定石」です。私たちも、いま一度身近なところの製品を見直してみたいものです。

そうすると、素晴らしいヒントが見つかります。

## ■発明・アイデア成功十訓

一．発明は慾から入って慾から、はなれたころ、成功する
二．悪い案も出ない人に、良い案は生まれない。
　まず、悪い案でもいいからたくさん出せ
三．一つ考えた人は、考えなかった人より一つ頭が良くなる
四．頭、手、足を使っても、お金は使うな
五．発明のテーマ「科目」は、自分で実験（テスト）ができるものの中から選べ
六．くそっと思ったら、金の卵がある
七．半歩前進、ちょっとひねれ、それが成功のもと
八．他人の発明に感動する心を養え、次に、私ならこうする。……、と考えよ
九．出願の文章は自分で書け、それが次の発明をひき出す
十．発明の売り込み（プレゼン）は、発明したエネルギーの二倍使え

# 第2章

# チェックリストで億万長者のヒントをつかもう

趣味の中から、特許（発明）のテーマ「科目」を選べば、
〇〇の作品を製品に結び付けられる。
そして、その趣味を10倍楽しもう。

## 1．億万長者のヒントがつかめる
### □チェックリスト法

### ●チェックのミスがないように

「チェックリスト法」とは、どんな発想法でしょうか。

それは、アメリカの広告会社の社長さんだった、アレックス・A・オズボーン氏が考えた有名な発想法です。

課題（問題）を解決する仕方、方法が見つからないとき、課題（問題）の評価をするときなど、チェックのミスがないように、その項目を一覧表にまとめたものです。

その項目を参考にするわけです。すると、新しい作品が浮かびやすくなります。

だから、多くの人が活用しています。

工程の管理、組織の管理、事務改善のためのチェックリストなどがあります。

チェックリストのメリット、デメリットを紹介してみましょう。

### ●メリット

チェックリストの、メリットです。

□①大切な点を見落とすことがなくなります。
□②連想の動きが増大します。

……、などです。

### ●デメリット

チェックリストの、デメリットです。

□①その決められた範囲内で考えてしまうおそれがあります。
□②それに頼りすぎて自発的に考える習慣を失いやすくなります。

……、などです。

「チェックリスト法」は、以上のようにプラス面も、マイナス面もあります。

みなさんは、プラス発想に生かせる点をたくさん活用してください。読者も発想力を高めるため製品に結び付けられるヒントをつかむために活用するといいと思います。

デメリットのチェックリストは、企業は別として発明者（創作者）は、自分の作品が１番だ、素敵だ、と思っているケースが多いからです。

だから、リストを作るのは難しいかもしれません。

そういうときは、他の人（第三者）、たとえば、彼女（彼）に評価してもらうといいかもしれませんね。

「チェックリスト法」には、多くのチェック項目があります。その中で特許（発明）の創作活動に、活用できる代表的な８つの項目を紹介します。

それでは、「チェックリスト法」の項目、一つ一つを誰にでも活用できるように、具体的な実例をあげて紹介しましょう。

## 2．億万長者のヒントがつかめる
## □○○を○○に使えないか

□○○を○○の用途に使えないか。
……、材料、製品、廃品などについて、新しい使い方を考える方法です。
□○○を○○に使えないかなあー。
……、といったことを自分に問いかけるのです。

とても便利で、効率よく使えます。

たとえば、小さなクリップの新しい用途を考えるときを想像してみましょう。

小さなクリップを見てください。みなさんだったら、このクリップをどのように使いますか。

……、いままでと違う使い方（用途）を考える課題（問題）です。

この考え方は、新しい作品を生み出すときに活用できます。

それでは、事例を紹介しましょう。

次のように考えることです。

**◆自動車の古タイヤ　↓　校庭の遊び用具**

自動車の古タイヤがあります。

たとえば、その古タイヤは、校庭の遊び用具に使えます。

**◆缶ビール、ジュースの空き缶　↓　貯金箱**

缶ビール、ジュースの空き缶があります。

たとえば、その空き缶は、貯金箱に使えます。

そこで、楽しい「発明ライフ」を一日も早く実現するためには、情報が必要です。

たとえば、発明家は、ＴＶ、新聞、雑誌などで新製品の広告を見たら、インターネットでチェックしたり、パンフレットなどを取り寄せたりしてみてください。

その新商品のいいところをたくさん見つけるのです。

そして、新しい用途を考えるのです。

何でも興味をもって日頃から注意深く観察し、行動していれば、○○の作品を製品に結び付けるヒントが見つかります。新しい作品が生まれます。

## ●まっすぐなキュウリが作れる矯正具

Aさんは料理屋さんです。毎日、料理に使うためキュウリを何本も買っています。

そのとき、料理がしやすいようにまっすぐなキュウリを選んでいます。ところが、曲がったキュウリと比べると値段はウンと高いです。値段が高いと、お店の経営が大変です。

そこで、簡単な器具を使って曲がらないキュウリが作れないか。……、と考えたのです。

## ◆まっすぐなキュウリを作るために実験（テスト）をした

最初はキュウリの下に石をぶらさげてみました。形はまっすぐになりました。ところが、石が重すぎて、ツルが切れそうになって失敗しました。

次は、竹筒をもってきてキュウリが小さいとき、その中に入れて生育させてみました。形は上手くできました。でも、課題（問題）がありました。それは、日光が当たらないのです。青々としたキュウリはできませんでした。

そこで、さらに考えました。今度は、透明な塩化ビニールのパイプを買ってきました。

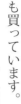

それを吊るし、その中に入れて成長させる方法を試してみました。

すると、キュウリの形が矯正され、美しく、まっすぐになりました。

しかも、日光も十分に当たります。生育したキュウリは青々としています。

このように、○○を他に使い道はないか。……、と考えると、まっすぐなキュウリが作れる矯正具のような新しい作品が生まれます。

## 3. 億万長者のヒントがつかめる　□○○からヒントが借りられないか

□○○からヒントが借りられないか。
……、○○の課題（問題）と似たものからヒントを借りてくることです。

その課題（問題）と似たものから新しい作品を考えるヒントを借りてくる方法です。

初歩の発明家が新しい作品を考えるとき、よく活用している考え方です。

たとえば、雑談中に、○○のそのヒントいただき、……、とよく聞くと思いますが、それと同じです。

◆「洋酒」の飲み方からヒント ↓ 日本酒、焼酎のオンザロック

具体的には、「洋酒」の飲み方からヒントを得て、「日本酒、焼酎のオンザロック」を作りました。

このように、いろいろなものを観察して、課題（問題）を解決するためのヒントにすればいいのです。

何でも借用する「能力」を養っておきましょう。

ただし、先輩の発明家の作品、考え方をヒントにするときは、相手に迷惑をかけないように心掛けてくださいね。お願いします。

●マグネットタイプのブックホルダー

台所で使う商品といえば、その容器などを取り付けるために吸着盤、両面テープを使ったものが一般的でした。

それは、両方とも価格が安いからです。

だけど、欠点もあります。吸着盤の欠点は、取り付ける場所の表面がきれいでないとはずれて落下してしまうことです。

また、長い時間使っていると空気が入って、突然落下して

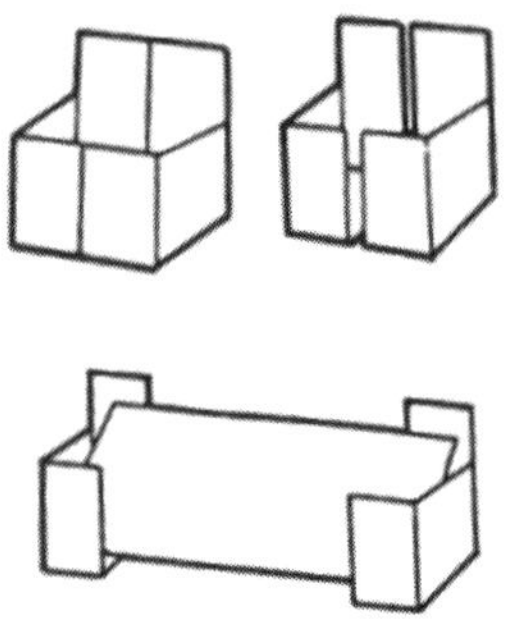

しまうこともあります。

それでも、安価で手軽だ、ということもあってやむを得ず買って使っています。

最近の台所は、冷蔵庫の大型化、炊飯器などをのせるスチール製の家具だとか、電子レンジなどの普及でマグネットが使える場所が増えました。

価格は少々高くなりますが裏面にゴム磁石の付いたマス形の収納容器などが販売されよく売れています。それには、一つ欠点があります。このマスの大きさより幅が広いものは入らないことです。

その点に着目したのです。

### ◆ブックエンドのようにした「分割式の収納容器」

雑誌、料理カードの大きさに自在に対応できるように容器をタテに切って２つに分けました。

ブックエンドのようにフリーサイズにした「分割式の収納容器」です。

幅の広いものは、２つに分けたマスの間隔を開けることによって、幅がどんな広いものでも入れられます。

## 4. 億万長者のヒントがつかめる
## □○○を○○に変えてみたらどうか

□○○を○○に変えてみたらどうか。

……、物の形、色などを変えてみることです。

□モノの一部分に変化をつけて、変えてみたらどうなるか。……、と考える方法です。

新しい作品は、いままでのものに少しだけ変化を加えることによって生まれるものです。

□物の形、大きさを変えたらどうだろうか。

□製造過程を変えたらどうだろうか。

□色を変えたらどうか。

□音を変えたらどうか。

□香りを変えたらどうか。

□動きを変えたらどうか。

……、などと何でも、変えてみたらどうか。……、と考えてみましょう。

種々の面で、いままでのものに少し変更を加える習慣を付けると、新しい作品、課題（問題）の解決案が生まれます。

□丸い形の商品があると、それを四角にしたらどうか。
……、と考えるのです。

□円形のバケツの形状をハート型にしました。
……、形を変えたらヒット商品になりました。

次は、□真っ直ぐなところは曲げたらどうか。……、と考えます。

□太いところは細くしたらどうか。

あるいは、□固形状のものを粉状物にしたらどうか。……、といった調子で考えるのです。

□○○を○○に変えてみたらどうか。……、と考える方法は初心者でも簡単に実行できると思います。しかも、それで大きな利益を生む可能性が出てきます。

## ●角柱と円柱を組み合わせた「拍子木」

角柱と角柱の木を組み合わせた一対の「拍子木」は、たとえば、「火の用心」の夜まわりをするときに使用するものです。

いままでの拍子木は、使いやすさの面で不便がありました。

それは、「角柱の面」と「角柱の面」を互いに打ち合わせて、音を発するため、「角柱の面」と「角柱の面」が上手く当たら

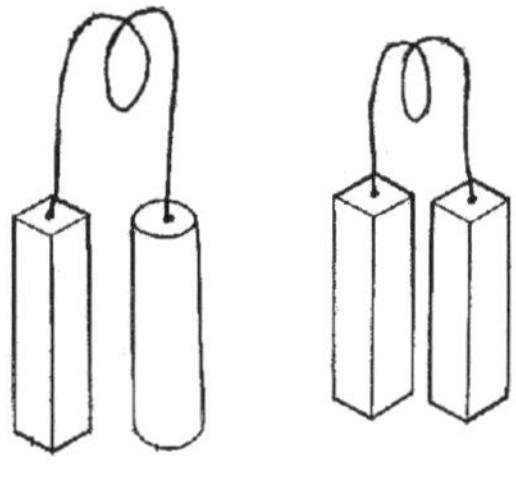

ないといい音が出ないことです。美しい同一音を連続的に出せるようになるためには、ある程度の練習と技術が必要になります。

そこで、新しい形の拍子木を考えたというわけです。

さらに誰が使っても、いつでも、同一音を簡単に発することができるように考えました。

### ◆一方の「角柱」を「円柱」に変えた「拍子木」

一方の「角柱」を「円柱」に変えてみたのです。

そして、「角柱」と「円柱」の木の組み合わせにしたのです。

それをひもで結びました。

角柱と円柱を組み合わせると「角柱の面」と「円柱の線」で接触します。

すると、誰が使っても、いますぐに美しい同一音を連続的に発することができるようになります。

## 5．億万長者のヒントがつかめる
## □○○を大きくしたらどうなるか

□○○を大きくしたらどうか。

……、いまあるものを大きくしたり、何かを付け加えたりすることです。有効的なのが、すでに製品になっているものを少しアレンジするやり方です。

□軽薄短小を重厚長大「□軽↓重、□薄↓厚、□短↓長、□小↓大」にしたらどうなるか。……、と考えてみてください。

素敵なヒント、素敵な解決案が見つからなくて、ウーン、と考え込んだり、悩んだりしているときは、○○を大きくしたらどうなるか。……、と考える方法を使うと案外と簡単にヒントが見つかるかも知れません。

いまあるものを大きく、５倍、10倍にしたり、何かを付け加えたりして、価値、効果の増大を図ろうとする方法です。

普通の商品に対して、「デラックス型」、「豪華版」を売り出します。

あるいは、「キングサイズ」、「徳用の大びん」を作るのも一例といえるでしょう。

この考え方を活用すると効果は大きいです。

□いや、もっと長くしたらどうか。
□広くしたらどうか。
□回数を増やしたらどうか。
□強さ、大きさ、高さ、長さ、厚さを拡大したらどうか。

……、などと何でも、たとえば、3倍、5倍、10倍、……、100倍にも、大きくしてみることです。

このようなルールにしたがって考えると筋道もたってきます。

コーヒーを飲むカップの形状（デザイン）は美しいです。それなら、コーヒーカップの大きさを、たとえば、50倍、100倍にしてみよう。……、と考えるのです。カップの中に椅子を付けると、この中に子供が乗れます。それを動くようにしたら遊園地などで受けるだろうと考える方法です。

それが、いま、どこの遊園地でも見かけるカップ型の乗り物です。

次は、テニスのラケットの話です。ラケットを大きくしたら球がよく当たるだろう。……、と考えた人もいます。

床（布団）の中から電灯を点けたり、消したりできるように考えた「点滅ヒモ」の作品もあります。電灯の点滅ヒモの長さを、2倍、3倍にしたものです。

**●タコの吸盤**

普通の吸盤は、１個の大きな吸盤です。

ところが、このタコの吸盤は、小さな吸盤が10個も、20個もタコのようにたくさん付いています。

吸盤の１個がはずれても他のたくさんの小さな吸盤が吸い付いています。

だから、タコの吸盤は、はずれません。

## 6. 億万長者のヒントがつかめる □○○を小さくしたらどうなるか

□○○を小さくしたらどうなるか。

……、と考える方法は、いまあるものを軽くしたり、薄くしたり、短くしたり、小さくすることです。

□５分の１、10分の１にしたら、……、と考えることです。

□○○を小さくしたらどうなるか。……、といった考え方はとてもわかりやすいです。

だから、多くの人が活用しています。
□軽・薄・短・小という言葉があります。この言葉はいつまでも生きています。
□○○を小さくしたらどうなるか。
……、などを活用してください。ヒット商品になったものもあります。

スマートフォン、携帯電話、テレビ、ビールの小びんなどがそうです。

俳句（17文字）、盆栽、茶室などもそうです。

インスタント食品は、調理の所要時間を短くしました。

レコーダーは、カセット式からポケットサイズのものまで出現しました。

CD、MDなども同じです。

ソニーが開発した「ウォークマン」は、とても軽量でした。

だから、その当時、大流行しました。

◆**薄くしたカード商品**

最近は、カード商品が流行しています。薄く、さらに、薄くすることがすべてに取り入れられたのです。

カードキー、カードクリップなど、食べ物までカード食品になりました。

これからも、まだ、まだ、カード状にしたものが生まれてくるでしょう。

○○を軽くしたら、薄くしたら、短くしたら、小さくしたら、温度を低くしたら、○○を省略したら、……、どんなことについても、5分の1、10分の1にしたら、……、といった発想はあらゆる分野で使えます。

### ◆小さくした折りたたみ式

手近なところでは、折りたたみ式の傘も、折りたたみ式のノコギリもみんな、小さくしたらどうなるか。……、といった、発明の定石から生まれたものです。

### ◆小さくしたゲートボール

ゲートボールの競技が中高年の人の間で流行っています。

ゴルフだと広大な土地と自然の芝生が必要です。

その面積を小さくして、公園などの広場で、競技ができるように考えたのが、ゲートボールです。

さらに、このゲートボールを室内でゲーム盤の上でもできるように考えた人がいます。

これは、ちょうど野球場を小さくして野球盤を作ったようなものです。

軽くするというのは、重さだけではありません。

□塩を少なくする。

□糖分を少なくする。

……、などといった健康食品などもそうです。

コーヒーを軽くしたアメリカンコーヒーもそうです。

消しゴムは厚いです。手帳と一緒には持ち歩けません。

そこで、これを薄く、薄く、といってカッターで切って手帳にはさめるようにしました。

ハムは、厚いです。だから、これをフグのサシミのように超薄くすれば味も変わる。

……、といった商品も出ました。

この○○を小さくしたらどうなるか。……、を使ってください。すると新しい作品が出なくてどうしよう。

……、といって悩まなくても大丈夫です。

**●薄くしたレモン絞り**

トンカツ、紅茶にはレモンがつきものです。

このレモンを絞るとき、器具を使うこともありますが、素手を使うことが多いです。

そのため、手が汚れます。手を拭くために、ハンカチなどが必要です。

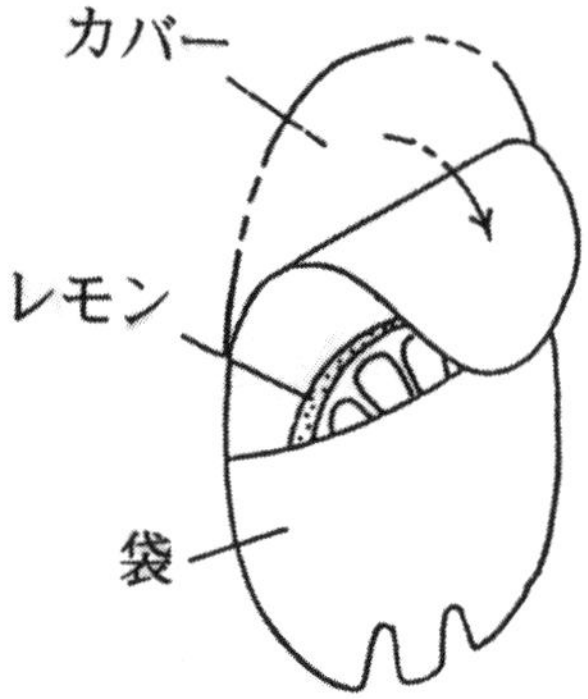

そこで、手を汚さないで、レモンを絞るにはどうすればいいか。……、と考えたのです。

1枚の薄い紙を円形にして片面にポケットを付けます。ポケットの底はカットします。

使うときに輪切りにしたレモンをポケットに入れ、上部を手前に折り曲げて絞ります。

すると、レモンの汁がカットした部分から落ちます。

## 7. 億万長者のヒントがつかめる
## □○○と○○を取りかえたらどうか

□○○と○○を取りかえたらどうか。
……、材料を変えたり、順序を変えたり、配列を変えたりすることです。

この方法は、「取りかえ法」ともいわれています。

課題（問題）を解決するための案（手段）が見つからないときは効果的です。
□材料をかえたらどうか。
□順序をかえたらどうか。
□配列をかえたらどうか。

□原因と結果をかえたらどうか。

……、などといったように、課題（問題）を解決するとき、何でも、○○と○○を取りかえたらどうか。……、と考えることです。簡単に解決案（ヒント）が見つかります。

キッチン用品に使っている「吸盤」を「磁石」に取りかえたら、もっと機能的にならないだろうか、と考えることです。

私なら○○を○○にする。……、の定石にも、○○と○○を取りかえたらどうか。……、を使うことです。

□餅の中にアイスクリームを入れた「雪見だいふく」

私は講演で、餅の中にアイスクリームを入れた「雪見だいふく」の話をよくします。

みなさんは餅の中のアイスクリームの代わりに何を入れたらもっと美味しいと思いますか。

……、といった課題（問題）を出します。

……、すると、次のような答えが出ます。

□だいふくにイチゴを入れた「イチゴだいふく」は、どうですか。

□だいふくにバナナを入れた「バナナだいふく」は、どうですか。

……、などです。

次のように考える方法もあります。

主婦は気分転換をするため「家具の位置」を変えたりしています。

あるスーパーマーケットでは、「レジの位置を移動」したら客の流れがスムーズになったといいます。

### ●アイスクリームのコーンずし

お寿司屋さんには子供連れのお客さんもいます。

「チラシずし」を注文します。子供はチラシずしを「はし」でも、「スプーン」でも、上手く食べることができません。

そこで、アイスクリームのコーンに、チラシずしを入れたらどうか。……、と考えました。

### ◆「コーン」と「すし」

「コーンずし」は、「コーン」と「すし」を組み合わせたのです。

そうすると、はしを使わなくても上手に食べられます。

さっそく作ってみました。すると、子供が喜ぶだけでなく大人までがこれはいい、と言います。

さらに、いいことがあります。それは、あと片付けがいらないということです。

## 8. 億万長者のヒントがつかめる
## □○○と○○を逆にしてみたらどうか

□○○と○○を逆にしてみたらどうか。

……、「前と後」、「左と右」、「上と下」を逆にしてみることです。

□前と後ろを逆にしてみたらどうか。

□上と下を逆にしてみたらどうか。

□上を向いているものは、下に向けてみたらどうか。

□左と右を逆にしてみたらどうか。

□曲がっているものは、直線形にしてみたらどうか。

□立っているものは、横にしてみたらどうか。

□熱いものは、冷やしてみたらどうか。

……、など、何でも、○○と○○を逆にしてみたらどうか。……、と考えてみましょう。

課題（問題）を解決するための案（手段）が見つかるものです。

○○と○○を逆にしてみたらどうか。……、の考え方を利用して、製品に結び付いた作品もあります。電気ゴタツを下からではなく、上から温めるようにしました。

ブラジャーのホックは、後ろに付いていました。そのホックを前に付けてみました。

「逆も真なり」という数学の定理があります。そのように、作品でもヒット商品の逆もまた新しい作品になる確率も高くなりますよ。……、ということです。

## ●芝を付けたゴルフボール

アイデアの発想法には、欠点列挙法とか逆転の発想とか、いろいろあります。Hさんは、ゴルフが大好きです。

ときどき、自宅でパターの練習をします。でも、庭に芝生がありません。しょうがないので板の間の廊下で練習をしていました。

ボールがゴロゴロと、転がってしまいます。グリーンの感じがでません。人工芝を付けたマットを買いたくても数万円もします。

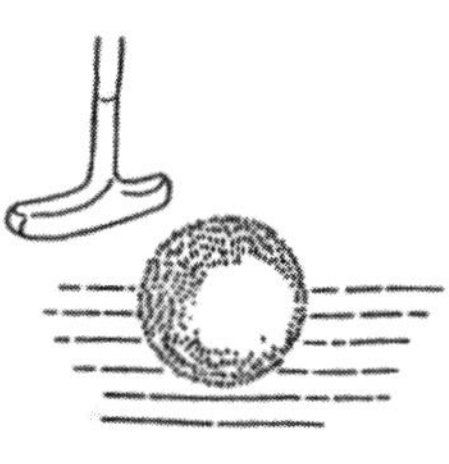

### ◆逆転の発想

そこで、Hさんは、「逆転の発想」を思い出しました。

人工芝を付けたマットは、マットに毛を生やすから高くなります。

逆にボールの表面に毛を付けたらどうかと考えたのです。

さっそく、試作品を作ってみました。

じゅうたんの毛を接着剤でボールの表面に付けてみました。すると、毛がブレーキの役目をして廊下でもいい感じがでます。

この「芝を付けたゴルフボール」、D社が採用して製品に結び付けてくれました。

## 9．億万長者のヒントがつかめる□○○と○○を組み合わせたらどうか

□○○と○○を組み合わせたらどうか。……、はとても大切です。

素敵な作品が思い浮かばないときは、「A＋B＝C」のように、違うものを組み合わせてみることです。

創造、特許（発明）は、無から有を作ることではないのです。

既存のAとB「A＋B」をくっつけて、少しだけかわった、C「A＋B＝C」を作ることだ。……、といわれています。行き詰まったら「A＋B＝C（鉛筆＋消しゴム＝消しゴムを付けた鉛筆）」のプラス発想で何でも結合させてみることです。

**◆穴あけ用のパンチ＋ホッチキス＝パンチキス**

「穴あけ用のパンチ＋ホッチキス」を組み合わせた「パンチキス」の名称で、製品に結び付きました。

**◆シャープペンシル＋ボールペン＝シャーボ**

「シャープペンシル＋ボールペン」を組み合わせた製品「シャーボ」も、この考え方から生まれました。

アイデア発想で、行き詰まったときは、何でも組み合わせてみることです。「ラジオ」と「カセットテープ」をくっつけたら、「ラジオ＋カセットテープ＝ラジカセ」といって、以前ブームを起こしました。

読者も商品になっている作品をたくさん調べてください。

その後で、それ等をくっつけてみることです。くっつかない、と思っても試しにくっつけてみると意外に変わったものができるかもしれませんよ。

それが結合のカギです。この習慣がついたら一人前の発明家です。発明家はいつも、自分だったら○○と○○を組み合わせてこうする。……、といったように考えることです。

## ●「ジョッキ＋マイク＝マイクを付けたジョッキ」＆「ライトを付けたマイク」

カラオケのファンは多いです。

熟年社員はマイクを握ったら離さない人もいます。

### ◆マイクを付けたジョッキ

そこで、ジョッキにマイク「ジョッキ＋マイク＝マイク付きジョッキ」をくっつけてみたら人気が出るかも知れません。

歌の好きな人に、ビールを飲みながら、どうぞ。……、と勧められるというわけです。

### ◆ライトを付けたマイク

「ライトを付けたマイク」は、マイクを握るとみなさん人から見られたい、目立ちたいと思うに違いありません。それなら、もっと目立つようにしよう。……、と考えたのです。

それが、マイクの横に反射板付きのライトを付けた、「ライトを付けたマイク」です。

マイクを持ってスイッチを押すとライトがついて、自分の顔を照らすのです。まさにライトを浴びた歌手のようになります。……、という作品です。

## ■不平、不満、口に出そう

いつも、不平、不満、どうしていますか。……、がまんをしてはいけませんよ。口に出してください。なぜかって、……、それは、商品の課題（問題）を見つけることが上手いからです。

不平、不満は、発明・アイデアの素（もと）です。私は、中本（なかもと）です。

いろいろな課題（問題）に気がつくあなたは、発明家に向いています。

イヤだ、と思っている、その課題（問題）を解決することができます。

# 第3章

# その〝だめだ〟がお金の財宝の源

特許（発明）のきっかけは、身近な自分の仕事の中から見つけよう。

特許（発明）のテーマ「科目」は、自分で試作品が作れて、実験（テスト）ができるものの中から選ぼう。

## 1．その〝だめだ〟は、作品を製品にできる発想の原点

### ●小さな思いつきの作品からスタートする

あなたは、毎日のように、素敵な○○の作品を思いつき、一人でやったあー、……、といって、嬉しくなって、小さな喜びを感じていませんか。

その〝思いつき〟には、大変な財宝、幸運がかくされています。

そのときの〝だめだ〟は、作品を製品にできる発想の原点です。だから、小さな思いつきの作品でも、簡単に捨てないようにしましょう。

### ●水切りが簡単にできる「スタンド付きのまな板」

たとえば、どこの家庭でも、衛生上、まな板の水切りには、気を使うものです。

そのため、簡単に水切りができるまな板立て台などが売れます。

そういうとき、水きりが簡単で、衛生的で、しかも、安価にできればいいと思うでしょう。

そこで、まな板の角の一部を切断し、その部分を回転自在にして、まな板を立てられるように

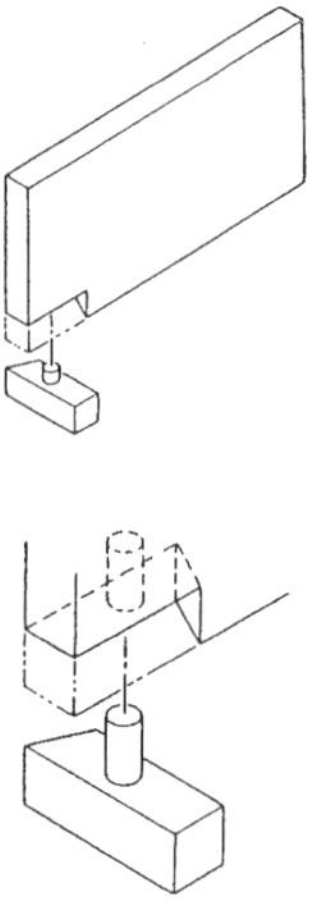

スタンドの形にしました。自転車のスタンドのように、立てられるようにすればいいと考えたのです。

## ●前向きにチャレンジすれば、作品は製品に結び付く

素敵な〝思いつき〟は、どうすれば引き出せるのか、それが役に立つのか、もっと内容を深めるためには、どうすればいいのか。

それを前向きに実行すれば、その道筋は、楽しく、生きがいがあるのか。

近い将来、お金「ロイヤリティ（特許の実施料）」と名誉が付いてくるのか。

……、わからない人が多いと思います。

これから、その道筋と定石を一緒に学習しませんか。そして、前向きにチャレンジしてみましょう。ここがチャンスです。あなたの〝思いつき〟の作品を製品に結び付けてください。

すると、心もふところも豊かになります。その思いつきの作品には、ピンからキリまでありま す。毎日出てくる小さな思いつきの作品は、そのままでは、お金「ロイヤリティ（特許の実施料）」にはなりません。

では、どうすればいいでしょう。内容をさらに深めるのです。次の作品を楽しみながら考えてください。それをさらに研究するのです。内容を深く掘れば、〇〇の作品は製品に結び付きます。

恋愛でもそうだと思います。その場の雰囲気、思いつきで、○○さんのことが「大好きです」といっても、簡単に「ハイ」とはいってくれません。

お互いを知るためには、ある程度の「お付き合い」をする時間（期間）も必要です。素敵な結果に結び付けるためには時間（期間）が必要です。

特許（発明）は、「思いつき＝急いで出願＝権利＝製品」、……、ではないからです。

たとえば、仕事、学習で、かべにぶつかるときがあります。そのときは、本書で説明しているように、楽しく発想する術をたくさん活用してください。

**●ハム、キュウリなどを切るときに便利な「包丁」**

たとえば、包丁で、ハム、キュウリなどを切るとき、包丁の側面にくっついてしまいます。切ったハム、キュウリなどは、包丁の側面にくっついたままです。それで、上手く取れません。

そこで、上手く取れる方法を考えます。

一つの案は、包丁の側面に数個のあなを開け、その上側の凸部を付ける方法です。

もう一つの案は、側面に帯状の突起物を付ける方法です。

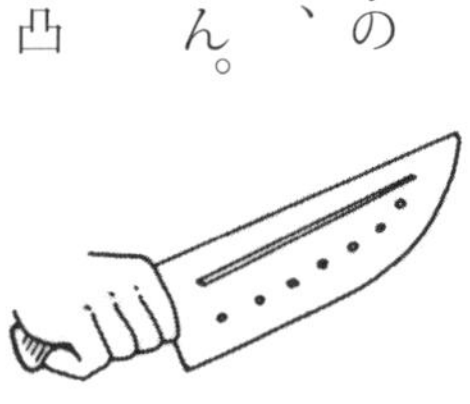

すると、簡単に取れるようになりました。

作品が製品に結び付くような気がしてきたでしょう。

いま、恋をしている人からは、このような作品は生まれません（!?）。

なぜでしょう。いつもくっついていたいからです。

## 2. 特許（発明）は、毎日の生活を楽しく、明るくする

### ●考えることが好きだから、さわやかな気分になれる

○○の作品を考えること、つまり発想って何でしょうか。……、といった質問を受けることもあります。そういうとき、悩むことはありません。難しく考える必要もありません。
では、ここで、確認のために、辞書を引いてみましょう。思いつき、ある考えを文章にあらわすこと。……、と書いています。

何かを考えること、すなわち発想することは人間の本能です。

しかも、世の中には発想に関連した本が何十冊もあります。○○の作品を生み出す最も能率のいい方法を研究する発想学、創造工学といった本もあります。

○○の作品がどんなに小さな、ささやかな、思いつきだったとしても、それを考えるとスカッとしてさわやかな気分になれることがいいのです。

## ●最初は小さくてもいい、将来、「大きな夢」が実現できる

最初は、小さなことでも、思いつきが大切です。

たとえば、受験勉強です。数学、物理の科目のように課題（問題）の解き方を理解して、どうしても記憶しなければならない。……、というものでもありません。

それでも、理工系の学部をめざす人にとっては、大好きなテーマ「科目」です。だから、学習は苦にもならないと思います。飽きることもなく、継続できます。

特許（発明）の学習は、学校と違います。好きなテーマ「科目」だけを学習すればいいのです。心は自由（遊）自在に開放されています。いま、実行していることが大好きなことです。だから、楽しいと思います。しかも、最初は、思いつきでいいのです。新しい作品を考えれば、そこから大きな夢がわいてきます。

最初は、小さいもので、製品に結び付きそうもない作品でも、本人の小さな夢、大きな夢につながります。

たとえば、水筒に仕切りを付けて、2種類の飲み物を一緒に入れられる水筒を考えました。

すると、一方にジュースが入れられます。もう一方には、お茶が入れられます。

このように、発想する習慣を身につけて仕事をしていると毎日が楽しくなります。大きな夢がふくらんできます。それは、その人に学問が、あるとか、ないとか、関係ないことです。

特許（発明）に興味をもてば、人は誰でも毎日の生活が面白くなります。人生を明るく暮らすことができます。夢を描き、考えることをやめたら人類は滅亡してしまいます。

神様が夢をもたせて、〇〇の新しい作品を考える楽しみを与えてくれているのです。

## 3．製品に結び付く作品が見つかる「Uターン思考」

### ●はっきり、これだ！　といえる作品が見つかる

課題（問題）が見つからないとき、どうすればいいと思いますか。

急いでムリに答えを出さないでくださいね。自然体でいいです。だけど、その考え方は誰も教えてくれませんよね。私は、「Uターン思考」の考え方を教えています。多くの人がある現象から腹が立ったり、悩んだりすると思います。

そういった体験をしたときに、どうしたら腹が立たないようになるか、どうしたら腹が立たな

くなるか。……、とUターン的に考えることです。

世の中が進めば進むほど、ああー、よかった！　といった感情は少ないと思います。

逆に、ああー、いやだ！　ああー、面倒だ！　腹が立つ！　……、といった不快な出来事のほうが圧倒的に多くなると思います。

会社でだって、家でだって同じです。一日中、「ああー、楽しかった」……、ということよりも、「不平、不満、立腹、心配」……、のほうがずっと多いと思います。この不平、不満、立腹などというのは、何でしょうか。そこに、課題（問題）があるから起こるのです。

たとえば、事務用のテープがいつも同じ長さに切れ目がついていると、一定の長さにカットできるから便利だけど、……、といったことです。

## ●○○の作品が得意なテーマ「科目」だからこそ製品に結び付く

○○の作品を製品に結び付けようと思っている人は、日記をつけるように、その日にあった、「不平、不満、立腹、心配」などの、不快な出来事を個条書きでいいです。メモしておきましょう。そして、その中で得意なテーマ「科目」で知識が豊富なものを選ぶのです。

その次に、まて、まて、どうしたら腹が立たなくなるか、と解決策をUターン的に考えていただきたいのです。すると目標がはっきり浮かんできます。そうすれば上手くいいあらわせる作品が見つかります。それで、課題（問題）の60％は解決します。確かにそうだと思います。

特許（発明）の指導をしていて、嬉しいことがあります。それは、私（中本）のところには、毎日のようにイキイキしている発明家が相談に来てくれることです。

だけど、中には、テーマ「科目」を決めていない人もいます。

そこで、確認のために質問をしてみました。すると、テーマ「科目」は、何でもいいです。

いつか素敵な作品を考えて、近い将来、作品を製品に結び付けたいと思っています。

……、と答えが返ってきました。それは、めざす方向を決められないでいるのです。

そこで、ヒントになりそうな、事例を紹介しました。すると、笑顔で聞いてくれました。帰るときは、目標が見えて、イキイキしていました。

## ●あなたの「目標」は、「将来の夢」は

たとえば、□中学生、高校生が進学するときを考えてください。□学校を卒業して会社に就職するときを考えてください。□恋をするときを考えてください。

きっと誰でも「目標」を決めると思います。決めていると思います。誰だってそうだったと思います。「将来の夢」があるからです。それも、大きな「夢」です。その「夢」を実現したいから力が出るのです。がんばるのです。

そうです。星は、みなさんをスターにしてくれます。一人一人、輝かせてくれます。たとえば、結婚を考えてください。異性であれば誰でもいいです。とにかく、一日も早く結婚したいです。……、とはいわないでしょう。好きなタイプの人じゃないとイヤでしょう。いまは、パソコン（ワード）が主流でタイプ（タイプライター）はありませんね（!?）。

## ●夢を実現できるテーマ「科目」がある

「夢」を実現させるためには、知識が豊富で、得意なテーマ「科目」を選ぶことです。素敵な答えを出すために、得意なテーマ「科目」の中から、作品を見つけることです。自分で試作品が作れるもの、実験（テスト）ができるものを選ぶのです。そして、気持ちよくスタートラインに立つことです。そうすれば、素敵なゴールに到着できます。

そこで、毎日、Uターン思考をくりかえしてください。多くの課題（問題）が見つかります。その中に、知識が豊富で自分にふさわしいテーマ「科目」が含まれています。それを選べばいいのです。〝まさか〟が起こったら、必ず、それをとらえて〝なぜ〟……、と疑問を投げかけるのです。この手法のききめは、すごくて、大きな効果が得られます。

ここで、もう一度、確認をします。作品は、大好きなテーマ「科目」を選んでくださいね。いままで、学習もしたことがない分野を選んではいけませんよ。

大好きなテーマ「科目」なら、課題（問題）の解き方がすぐにわかります。

その解き方が特許（発明）です。解き方がわかるから、ゴールに着けるのです。

みなさんは、いつも前向きです。それなのに、後ろ向きで勝負が決まるものがあります。

なんだと思いますか、……、〝つな引き〟です。

特許（発明）は、課題（問題）を解決するとき、柔軟に対応することが大切です。

## 4．積極的に試作品を作る人の作品は、製品に結び付く

### ●最初は、頼りなくてもいい

ふと思いついた作品の説明図（図面）を描いて、私は○○の作品を考えました。どこか売り込み先を教えてください。……、といって、町の発明家が相談に来ます。

私（中本）は、ここで、気になることがあります。発明家が売り込み（プレゼン）をしたい、第一志望の会社を決めていないことです。

私は、発明家に、質問を続けます。□いままでの作品の、「従来の技術背景」は、どうでしたか。□先行技術（先願）は調べましたか。□類似した商品がないか、調べましたか。

……、といったことです。

すると、ウッと考え込んでしまいます。そして、自信のない返事が返ってきます。

ここで、第一志望の会社を決めること、事業内容を調べること、会社が作品を製品にするときの傾向と対策を練ることの大切さを教えます。……、すると、発明家は、そうか、会社が求めている作品は何か（?）、それを提案すればいいのか、ということがわかるわけです。

中には、商品みたいに仕上げた試作品を持って相談に来てくれる人もいます。

そういうときは、立派にできていますね。自分で作ったのですか。……、といった質問をします。同時に、愛情を持っているなあー、素敵な作品だなあー、といった予感がします。

詳しい説明を聞かなくても、内容が理解できて納得します。

## ●手作りで試作品を作ることで思いが伝わる

Nさんは、特許（発明）に入門したばかりの「発明1年生」です。

「野菜スライサー」を考えました。Nさんの2番目の作品です。

作品の説明図（図面）を見ながら、友人に自慢げに話すと、これは絶対売れるよ、……、とおだてられました。嬉しくなって、大きさ（寸法）を決めて、説明図（図面）に寸法を入れて、試作品をプロに頼んだそうです。できばえは、素敵で、最高でした。

ところが、その代金が1か月の給料がふっ飛んでしまうほどの金額だったそうです。

そのことを、家族にどう説明したのかは、教えてくれませんでした。

ここまできたら、悩んでいてもどうすることもできません。

次は、手紙を書いて、売り込み（プレゼン）です。すると、数日後、電話がかかってきました。試作品を持ってきてください。……、といわれたそうです。

Nさんは、嬉しくなって、日時を決めて、会社の担当者を訪ねました。ところが、目の前に、同じような「野菜スライサー」を持ってきました。

そのときの状況がだいたい想像できますよね。苦い体験をしました、プロに頼むのは、一度でやめたそうです。

それから、Nさんは、次々に考えていますが、手作りで試作品を作っているそうです。

お金がかかることも原因の一つですが、試作品を作っている間にいろんなことがわかって、学習になるからです。

たとえば、組み立てをするときの課題（問題）、使い方など、改良点が見つかったりします。

また、試作品を作ることで、自分の作品に自信が持てるようになります。

そうです。太陽は、１個ですが、サン・サン（３・３）輝かせてくれますよ。

## ●試作品には〝説得力〟がある

試作品を作れば、テーマ「科目」の選び方が間違っていないか。……、確認ができます。

大好きな彼（彼女）に、料理を作るのは、大好き、というより、弁当を作って、一緒に食べませんか。……、といって、手作り料理を一緒に食べるほうが、説得力があります。

ここで、具体的な事例で説明してみましょう。たとえば、夜寝るときに布団のシーツがズレることもあります。それで、ズレないように考えました。

それは、シーツと布団の両方にマジックテープ（登録商標）を付けて、布団にシーツを固定する方法でした。この解決案は、すごいと思ったので、実際に試作品を作ってみました。

「頭」でイメージした通りに使いやすいか、実験（テスト）をしてみました。便利で、効果もありました。

ところが、シーツを洗濯してみました。すると、糸くずがそのマジックテープについてしまうのです。それで、すぐにマジックテープがダメになってしまうことがわかりました。

マジックテープの使い方、用途に問題があったのです。

このように、思いついただけの作品は、まだ、未完成です。

## 5. 得意なテーマ「科目」を選ぶ人は、試作品の作り方も上手い

### ●製品に結び付けたいから、手作りで試作品を作る

日曜発明学校で私（中本）は、ときどき試作品を作ることについて、話をします。

そのとき、何人かの人が、試作品を作りたくても、材料がどこに売っているのかわかりません。

私は生まれつき、不器用です。だから、試作品は作れません。

試作品を作るのは、難しい、大変だ、といいます。

また、構造（しくみ）が複雑で、とても自分の手に負えません。どこかで、試作品を作ってくれるところはありませんか。……、といった質問を受けます。

試作品を作れない理由を本当に上手に説明してくれる人もいます。

人には、器用、不器用があります。上手、下手の差もあるかもしれません。

でも、日本人はむかしから、手先が器用だ、……、といわれています。たとえば、のこぎりと金槌を持たせれば、簡単な棚くらいは誰でも作ってしまいます。

紙の工作なら、小学生の図画工作の時間に、ボール紙を切ったり、曲げたりしていろいろな形のものを作りましたよね。

特許（発明）の世界では、できない、だめだ、……、と否定する言葉はタブーです。

できなかったら、できるように、……、だめだったら、だめな条件をなくす。……、それが特許（発明）だからです。

得意なテーマ「科目」を選んでいる人は違います。自信作の試作品を見せてくれます。なるほど、○○の作品は本当に素敵ですね。……、と納得させられます。また、すぐに理解できます。

私（中本）の気持ちですが、説明図（図面）が描けない。試作品を作れない。……、というのは、テーマ「科目」の選び方に課題（問題）があるのです。そうです。大好きなテーマ「科目」を選ぶことです。すると、試作品の作り方で悩まなくても大丈夫です。課題（問題）を解決する方法は、簡単に見つかるからです。

**●○○の作品が素敵だ、と説明できるのはあなた**

試作品を作ってくれるプロもいます。試作品を作ることがプロですが、依頼する人が大きさ（寸法）を決めて、説明図（図面）に寸法を入れて、試作品を頼まなければ、希望通りの試作品はできませんよ。だから、説明図（図面）がとても大切になります。

試作品を作るのは、時間もかかります。費用もかかります。それでも、頼みたいときは、費用を聞いてから頼んでください。

冗談でしょう。……、といわれそうですけど、相談する人の中には、とても簡単です。電話で説明します。試作品を作ってください。……、という人もいます。

説明図（図面）もないのに、大きさ（寸法）もわからないのに、どうして、説明だけでわかると思いますか。……、といいたいです。本当に困ってしまうこともあります。

人を紹介するとき、電話だけでは、顔の説明はできませんよね。想像だけは膨らむと思いますが、……、実際に会ってみると、全然違うタイプだったりすることもあります。

★

では、私（中本）から問題です。実験（テスト）をしましょう。

マル（○）を3つ描いてください。さらに、線「――」を1本引いてください。

みなさんが「頭」の中で、想像したものを描いてください。答え（※）は、次のページです。

★

たとえば、人と待ち合わせをするとき、場所を決めて、その場所を電話で説明しているときを想像してください。FAX、メールがあれば地図を描いて送るでしょう。長々と時間をかけて説明するより、そのほうが簡単です。しかも、すぐにわかります。

私（中本）は、各種発明コンクールの審査員を頼まれます。それで、入選した人を何人も知っています。その中の多くの人が、自分の知識、技術に応じた方法で、素敵な作品を製品に結び付けています。

素敵な作品が製品に結び付くとき、共通で絶対に欠かせない条件があります。それは試作品です。試作品を作っていない作品で製品に結び付いた例は、私の知る限り、1件もありません。

私（中本）は、試作品がない作品は製品に結び付かない。……、とかたく信じています。

※ 答えは、串に刺さった、3個の団子（だんご）です。

## ●○○の作品は、試作品を作ることによって開眼する

「頭」の中だけで考えた作品は、立派だ、……、と思っても、みんな、そうなるだろう。……、といった予測です。試作品のない作品には、スポンサーは付きません。実験（テスト）をして、効果を確認していないからです。

だから、製品に結び付いた多くの人がいいます。試作品を作ったから、素敵な作品が生まれたのです。素敵な作品は、試作品で決まります。……、と口をそろえていいます。

特許（発明）は、「頭」で考えながら、「手」で試作品を作る共同の作業です。だから、作品は、完成するのです。心を込めて作った試作品は、それがたとえば、紙の素材、手もとにある材料を使ったものでも、すごいです。

考えただけだと、想像のままで消えてしまいます。それでは、誰の役にも立ちません。

## 6. アッ、これだ、と思いついた作品は忘れやすい

### ●素敵な作品は、メモがヒントになる

素敵な○○の作品が製品に結び付いた多くの人は、ふと思い出した作品は、必ずメモを取っていた。……、と口ぐせのようにいいます。

前に書いたメモがヒントになって、新しい作品が生まれるからです。だから、丁寧（ていねい）な文字で、しかも、大きさ（寸法）を書いた、図面（イラスト、スケッチ）と文章できちんと書きまとめておくことが大切です。

それでは、ここで、記憶力を試してみましょう。

質問です。たとえば、今日の朝食のおかず、何を食べましたか（？）……、どうですか、……、ウッと考え込んでいませんか。思い出せない人も多いのではないでしょうか。

名案は忘れやすいからメモを取ろう。迷案をたくさんメモしておくとそれが組み合わさって名案になる。……、といわれています。「一日一案」を励行してみませんか。

月（つき）は、みなさんにツキ（チャンス）をくれます。

## ●「アイデア手帳」を作ろう

いま、あなたのノートに、何件くらい思いついた作品がメモされていますか(!?)

メモをすることは、素敵な作品を製品に結び付かせる力の養成に大切なことです。ここで、「アイデア手帳」を作りませんか。次のような項目を書くとまとめやすいと思います。

これを参考にしてください。そして、自分で使いやすい項目を書いて「アイデアメモ用紙」を作り、メモを取る習慣を身につけてください。

行間は紙面の都合上、項目を詰めて書いていますが、読者の方は内容に応じて行間を広くしてまとめるといいと思います。

### ◆アイデアメモ用紙

年　月　日

(1) 発明の名称

(2) 発明の要約

発明のポイントを簡単に書きます。

(3) 従来技術とその課題(問題)

従来はどうだったのか。どういった課題（問題）があったかを書きます。

（4）発明の構造（しくみ）

従来のものの構造上の欠点、使い方などの課題（問題）を除くために構造（しくみ）をこのように改良した。形状をこう変えた。このような方法を見つけた。……、などを書きます。

（5）発明の効果

このような構造（しくみ）にしたから、こういった効果が生まれた。改良してから生まれる効果は、○○だ、……、と書きます。さらに、試作品を作り、実験（テスト）をして、そのデータなどを書くと説得力があります。

（6）発明を実施するための形態

発明を実施するための形態と使い方を書きます。

（7）図面

イラスト、スケッチなど、使用状態を示した説明図（図面）を描いてください。

## ■「明細書」書き方の見本

本書では、「……です。……ます。」調で、説明をしていますが、特許庁（東京都千代田区霞が関3－4－3）に提出する「書類の書き方」は、「……である。」調なので、「……である。」調でまとめています。

書類の書き方は、横書きです。編集の都合で、規則（特許法施行規則）通りになっていません。ご了承ください。

題材は、第2章「4．億万長者のヒントがつかめる。□○○を○○に変えてみたらどうか」（P56）、第4章「10．すぐに使える、売り込み（プレゼン）の手紙の書き方」（P152）で紹介している「角柱と円柱を組み合わせた一対の拍子木」です。

【書類名】　　明細書
【発明の名称】　角柱と円柱を組み合わせた一対の拍子木
【技術分野】
【0001】
本発明は、拍子木の一方を角柱にして、他方を円柱にした拍子木の改良に関するものである。

【背景技術】
【0002】
従来の拍子木は、角柱と角柱を組み合わせた一対のものであった。
【先行技術文献】
【特許文献】
【0003】
【特許文献1】　特開○○○○－○○○○○○号公報
【発明の概要】
【発明が解決しようとする課題】
【0004】
これは次のような欠点があった。
(イ) 従来の拍子木は、互いに角柱の面と角柱の面で打ち合わせて、音を発するため、手元が少し斜めになると打つ面と面の面積が異なるので同一音が出なかった。
そのため、この拍子木を使ったとき、美しい同一音を容易に連続的に発することは難しかった。
(ロ) 初めて使う人は、ある程度練習をしなければ、同一音を連続的に発することは難しかった。

本発明は、以上のような欠点をなくすために考えたものである。
【課題を解決するための手段】
【0005】
拍子木の一方を角柱（1）にして、他方を円柱（2）にする。
本発明は以上の構成よりなる角柱と円柱を組み合わせた一対の拍子木である。
【発明の効果】
【0006】
（イ）拍子木の一方の角柱の面と、他方の円柱の線で打ち合うことができるので手元はいつも同じ状態で打ち合うことができる。
（ロ）いつも同じ音を発するため練習をしなくても初心者でも容易に美しい同一音を連続的に発することができる。
【図面の簡単な説明】
【0007】
【図1】本発明の斜視図である。
【図2】本発明の他の実施例を示した斜視図である。
【図3】従来の拍子木の説明図である。

【発明を実施するための形態】

【0008】

以下、本発明の実施をするための形態について説明する。

拍子木の一方を適当な長さの角柱（1）にして、他方を適当な長さの円柱（2）にした一対をひも（3）で結んだ拍子木である。

本発明は、以上のような構造である。

本発明を使用するときは、拍子木を両手で持って一方の角柱（1）と、他方の円柱（2）を打ち合わせる。

拍子木の一方が角柱であり、他方が円柱であるから打ち合うところは、いつも面でなく線をなす。

なお、図2に示す握り部（4）を設け、握り部（4）を人形のこけしのように男女の頭形にしてもいい。

【符号の説明】

【0009】

1　角柱　　2　円柱　　3　ひも　　4　握り部

## ■「図面」の見本

【書類名】　図面

【図1】

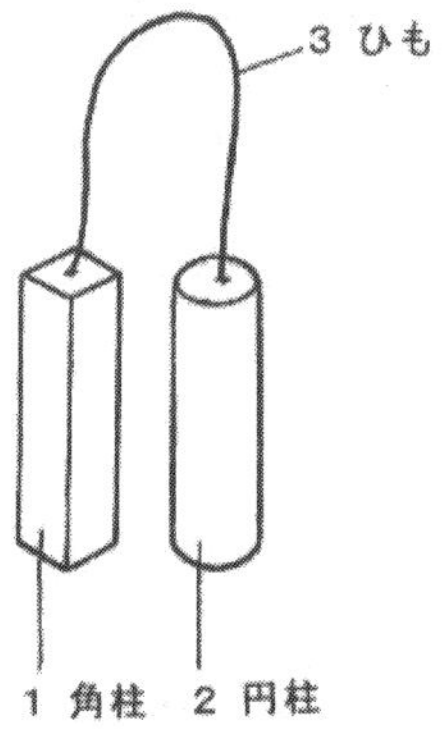


【図2】

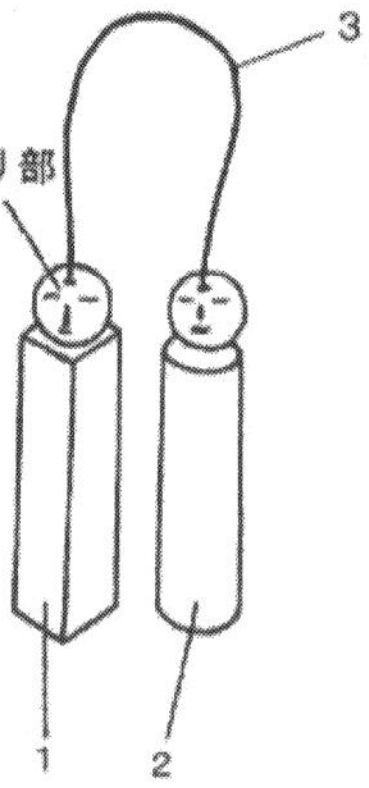


【図3】

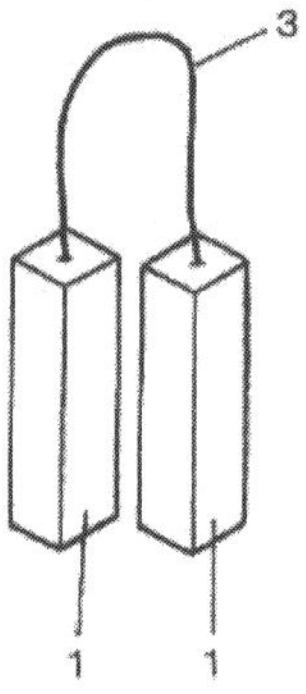


1　角柱　　2　円柱

3　ひも　　4　握り部

特許願の書類の書き方の参考文献は、拙著『完全マニュアル！　発明・特許ビジネス』『思いつき・ヒラメキがお金になる！』（共に日本地域社会研究所）などがあります。

## 7.「目標」がはっきりしている人は余裕がある

発明家の「目標」は、「出願＝権利＝製品」にすることです。

一般社団法人　発明学会（会員組織）に、私（中本）を指名して、面接の相談に来てくれた○○さんに、少しいじわるな質問ですが、聞いてみました。

第一志望の会社に売り込み（プレゼン）をして、いつまでに製品に結び付けたいと考えていますか（？）……、少し考えていましたが、質問に、答えられませんでした。

（一社）発明学会の住所は、〒162－0055　東京都新宿区余丁町7番1号です。

……、「目標（スタート）」しなければ、結果（ゴール）はありませんよ。

「目標」がはっきりしている人は余裕があります。それに適した計画をたてるからです。

ぼんやりと、素敵な○○の作品を製品に結び付けたい。……、と思うだけでは難しいです。さあー、「頭」の中だけで悩み深く考えるだけではいけません。とにかく行動しましょう。テーマ「科目」は○○です。第一志望の会社に売り込み（プレゼン）をします。……、といった「目標」を決めると、元気もでます。

たとえば、高校入試、大学入試のときは、テストに合格するために、資料を取り寄せて、傾向と対策を練ると思います。ムリをして、実力以上の大学を受験すると大変です。だから、自分のレベルに合った実現できる「目標」を決めるでしょう。余裕がある方が楽しめます。

顔は、イッコ（1個）ですが、ニコ（2個）ッとできますよ。

## ◆私の「目標」

年　月　日

□① 名前（発明の名称）

□② 私の「目標（今月・今年）」

□③ テーマ「科目」

□④ 売り込み（プレゼン）をしたい会社

□⑤　契約金
□⑥　ロイヤリティ「特許の実施料」
※　以上のようなことを、色紙に書いて、いつも見えるところに貼っておくと効果的です。

## 8．その〝もったいない〟が作品を製品に結び付ける素（もと）

### ●課題（問題）を見つける

多くの職場（会社）で改善、提案などの小集団活動を行なっています。
それは、職場（会社）の仕事の中に課題（問題）を見つけるためです。
そのために、自分の仕事に対して、
□どこかに、ムダなことがないか見つめてみよう。
□どこかで、ムリをしていないか見つめてみよう。
□どこかに、ムラがないか見つめてみよう。
……、といった運動をしています。

どこの家庭でも同じだと思いますが、不景気だから、……、といって、本人は、ムダ、ムリ、ムラをしていないのに、多くのサラリーマンは、毎月の小遣いを減らされています。

## ●どこかに、ムダなことがないか

「ムダ」というのは、１０００kg（1トン）積める車の荷台に10kgとか、１００kgとか、少ない量の荷物を、１個とか、２個だけ運ぶことをいいます。

これは、燃料費のムダです。人件費のムダです。時間のムダです。

このように、ムダが多い会社は、これから先、生き残っていけないと思います。

家庭では、洗濯をするとき、洗剤を使いすぎます。ムダをなくすために、使いたい量を簡単にはかれるように、容器を考えました。……、といったことです。

そこで、どこの会社でも、家庭でもあらゆる面でムダをなくそうとしています。

特許（発明）、意匠などの出願費用も、ムダにならないようにしましょう。

作品にはいろいろな種類があります。会社、大学の研究所、研究室では、何億円ものお金をかけた作品もあります。何年間も時間をかけて、試作、実験（テスト）を繰り返しながら、研究をして、完成させた作品もあります。

これを１０００kgの大きな荷物と仮定してください。

では、会社の改善、提案から出た作品は、どうでしょう。研究費も、時間もかけていないケースが多いようです。それは、５㎏くらいの荷物（小さな作品）に相当するわけです。

この５㎏くらいの小さな荷物を、１０００㎏も積める車の荷台に荷造りを厳重にして、30万円も、50万円も出して運んだら、それはムダ、ということです。

そうした作品は、二輪車（自転車）の荷台に、積んで、特許庁（東京都千代田区霞が関３－４－３）に運べます。

だから、○○に対して、ウッと思ったときは、目的に対して手段が大きくないか（？）……、と考えてみましょう。

日曜発明学校に入学して注意力がつきはじめると、生活の中で気になることが増えます。

たとえば、やかん、なべについて、燃料費を節約する方法はないか（？）。

……、といったことです。そこで、思いついたのが、やかんの底の部分に凹凸部を付けて、波状にすることです。すると、受熱面積が広がります。その結果、燃料費が節約できます。……、といった内容です。

ここで、日本は先願主義です。だから、……、といって、未完成の作品の特許願の出願を急いではいけませんよ。お金がムダになります。それは、試作品を作り、実験（テスト）をして、効果を確認していないからです。

## ●どこかで、ムリをしていないか

「ムリ」というのは、1000kg積める車の荷台に、1000kg以上の荷物を積むことです。2000kgも荷物を積んだら、大変なことになります。超オーバーです。

重量、ムリをしています。だから事故が起きてしまうのです。

逆に何億円も、何年間も、時間をかけて研究し、開発した作品なら、荷造りを厳重にして、1000kg積める車にベテランの運転手をつけて、30万円も、50万円も使って特許庁に運ぶ（出願）ことは決してムダではありません。

もし、それを知的財産権の知識がない、それも、新人の社員に担当させたら、それは、ムリです。

自分に知識がない、不得意な分野の作品を特許願の出願をしたくても、課題（問題）の解き方がわかりません。特許願の出願の書類にまとめられません。それでは、ムリです。

たとえば、電子回路の知識がない人が、高齢者の人でも、簡単に使えるスマートフォン、携帯電話を考えました。……、といっても、簡単に使えるような構造（しくみ）の説明文（明細書）が書けて、大きさ（寸法）を決めて、説明図（図面）が描けなければ、課題（問題）が解決していません。それでは、ムリです。

作品には、優しさがあります。素晴らしいです。だけど、特許（発明）とはいえないのです。

テーマ「科目」の選び方に、ムリがあります。

どうしても、作品を完成させたいときは、その分野の技術を学習することです。他の方法としては、その道の専門分野の人に、お金を出してまとめてもらうことです。

小さな思いつきの作品の内容を、過大評価します。それで、すぐに、プロに頼んで、特許願の出願の書類をまとめてもらえば、特許願を出願することはできます。だけど、製品に結び付くのは難しいです。「出願＝製品」ではないからです。

## ●どこかに、ムラがないか

「ムラ」とは、バラツキのことです。たとえば、○○に行くときは、1000kg積める車の荷台に1000kgの荷物を積んでいるが、帰りは、荷台がカラの状態のことです。

野菜サラダを食べるとき、ドレッシングが上手くかかりません。どうしてもムラが出ます。

そこで、ムラがないように野菜にかけられる容器を考えたとき、先行技術（先願）のチェックをしないで、自分の知識の範囲内だけで、先行技術（先願）がない。……、と判断して、一気に特許願を出願しようとしても、調査の仕方にムラがあります。それでは、製品に結び付きません。

権利を取るのもムリです。

《まとめ》

そこで、○○に対して、ウッと思ったときは、□どこかに、ムダがないか。□どこかで、ムリをしていないか。□どこかに、ムラがないか。……、と考えるのです。

いままで、□どこかに、ムダがなかったか。□どこかで、ムリをしていなかったか。□どこかに、ムラがなかったか。……、と観察力を働かせてみることです。

すると、そこに課題（問題）が見つかります。

たとえば、日頃の生活の中でムダな歩行を一歩でも縮めるために、事務所の中の机などの位置をかえます。それも一つの考え方です。

爪楊枝をムダにしないために、軸木の両端を爪楊枝にすると、２回使えます。

また、一方を耳かきにすると、耳かきとしても、爪楊枝としても使えます。「耳かき＋爪楊枝」です。

この方法は、悩みの種子を見つけることだけが大切なのではなく、不快な出来事を解消するための良薬でもあります。

## 9．するどい観察は、「WHY AND WHAT」

### ●子供のときの純粋な気持ちが大切

たとえば、子供は、親から誕生日にもらった玩具（おもちゃ）を大切にします。

その大切な玩具の自動車が動かなくなりました。

そのことについて、子供は、□なぜ、動かないの、……、□どこがこわれたの、……、□電池がなくなったの、……、□なぜ、電池はなくなるの、……、□なぜ、……、□どうして、……、の質問を親にあびせると思います。

知識欲がさかんな子供の質問は、際限なく、親がその解答に困ることさえあります。

それは、新しいものを知ろうとする人間の本能だからです。

大人は、□これは何だろう、□どうして、の疑問が鈍くなります。

また、そう思っても質問をしません。みきわめることを怠ってしまいます。

そんなとき、子供の頃の純粋な気持ちを思い出しましょう。

□WHY、□WHAT、□なぜ、□どうしてだろう、を連発してください。

1個の商品、1つの現象を見るとき、それを分解してください。

意識してみきわめると自然に、□WHY、□WHATの疑問が生まれてきます。

ためしに、どんなことでも結構です。いろんな角度から観察をしてみてください。

ここで、みなさんがいつも使っている○○の商品を観察してみてください。

仕事でも同じです。身近な職場でも与えられた仕事を、毎日繰り返しているだけでは、何の進歩も改良も生まれません。それでは仕事も楽しくないでしょう。

ある動作に対して、これでいいのか。……、と一つの疑問を投げかけてみるのです。すると、そこに新しい考えがわいてきます。

すると、もう少し手間を省けないか、製品を早くきれいにそろえられないか、など、具体的な課題（問題）が見つかります。

物、現象に対して、何でも結構です。□WHY、□WHATを投げかけて課題（問題）を掘りおこしてみるのです。それがテーマ「科目」を引き出す大切なカギになります。

## ●「1＋1＝2」、間違ってはいないけど〝そうだ〟と思い込まない

「1＋1＝2」です。数学の世界ではそうなるのだ！　と小学生の算数の時間に先生にやさしく教わりました。また、誰でも「1＋1＝2」だ、……、と思っています。

不思議だ！　とは思っていません。たとえば、結婚は、「1＋1＝2」です。だけど、将来、子どもができると、「1＋1」は、3にも、4にもなります。

物理の法則でも、定理でも、みんな大先輩が大変な苦労をして確立したものです。だから、私たちは、その通りだ、と信じています。

たしかに、その通りです。しかし、こうした既成の概念をそのままそうだ、と思い込んでしまったら新しい作品は生まれないでしょう。

型にはまった固い頭の中からはユニークなものは生まれてきません。

### ◆例：ミシンの針

たとえば、ミシンの針もそうです。

針の糸を通す穴は、針の上にあるものだ！　と決めつけてしまうと、下に孔を開けたミシンの針は、生まれなかったでしょう。

そこで、どんなに確立された法則であっても、こうしたら、といった突飛な仮説を付け加えてみてください。必ずしもそうではなくなるものです。

身近な不便さは誰にでも同じように感じます。それを、テーマ「科目」としてとらえる人も大勢になるわけです。長い間、そういうものだ。……、と思い込んでしまっているから不具合点として感じなくなっているのが普通だと思います。

会話の中で、専門家から、困った、できない、ダメだ、といったような言葉が出たら、そのときは大切にメモをしておいて、その原因を取り除いてください。

素敵な○○の作品が製品に結び付く可能性も出てきます。

もし、その道の知識がなかったら、その分野の専門家とつきあって知識を拝借して、自分の知恵をプラスして、一緒にまとめるのも一つの方法です。

## 10．長所も、欠点も、いい知恵、ヒントを教えてもらおう

「発明1年生」の発明家は、自分の作品を他の人（第三者）に盗用されると思っています。

それで、誰にも話をせずに一人でコツコツと量販店、専門店、デパート、「特許情報プラットフォーム（J-PlatPat）」（※）などで先行技術（先願）を調べています。

○○の作品と同じような製品をどういった会社が製造しているか、会社名と住所などをノートにメモをします。

権利が取れる可能性があるか、新規性があるか、進歩性があるか、……、など、確認をしています。そして、これはいける！　……、と一人で判断をします。

ＯＫサインを出して、説明図（図面）を描いて、大きさ（寸法）を決めて、手作りで試作品を作ることにチャレンジします。それから、実験（テスト）をして、発明の効果を確認しています。

結果を表にまとめます。効果に、◎、〇、△、×をつけて、△、×の部分は改良を加えます。

しかし、しばらくすると、そのやり方は、能率が悪い、……、ということに気がつきます。

すると、今度は、企画、名案が浮かぶたびに、発明家の良き相談役として頼りにされている、一般社団法人　発明学会（会員組織）の先生に相談をします。

先輩、知人に相談をします。この企画はどうでしょう。こうすれば、上手くいきます。

こういったやりとりをしていただきたいのです。すると、考えている企画の反応を相手から読み取ることができます。

いい知恵、ヒントを教えてくれます。長所も、欠点も指摘してくれます。

自分だけの一人よがりの発想も、他の人（第三者）の目を通すことで全体が見えてきます。

先輩たちが大反対する企画も出ます。それでも、どうしてもやりたいと思うならば、それは有望です。

考えているときは、とても熱心です。今度は、その熱心さを売り込み（プレゼン）に力を入れてください。最近は、情報が多すぎる時代です。だからこそ、ＰＲすることです。

その結果、目標の第一志望の会社が、〇〇の作品、製品に結び付けましょう。……、といってくれますよ。
※ J-PlatPat : Japan Platform for Patent Information（特許情報プラットフォーム）

## 11.「発明2年生」になったら「利己から利他へ」

学習する月日が過ぎるにつれて、運のいい人は、○○の作品が製品に結び付いていています。

ところが、多くの発明家は、その夢が一つずつ潰れていきます。

親、兄弟（姉妹）だから、マネされる心配はないだろう。……、と安心してうちあけてみました。

すると、案に相違して、笑って、そんなのダメよ、……、と相手にしてくれません。

友人に協力を求めると、これも、また、口先ではほめてくれます。ところが、少しも力になってくれません。

一般社団法人 発明学会（会員組織）が発行している「ミニコンクールの企業集」を見て、作品を応募しました。ところが、いい返事がきません。発明家は、自分の都合だけを考えて、利己主義になっています。だから、ミニコンクールに応募した会社の担当者に作品を見る目がないからだ、……、と思って担当者、会社を逆恨みするのです。

ここから、製品に結び付く発明家と、そうでない発明家に分かれます。

自分の作品に課題（問題）があるのではないか、……、と反省をする発明家は、そこから、製品に結び付く道に進むことができます。自己の利益のことだけでなく、製品を買ってくれるお客様の気持ちになって考えるようになるからです。

このわかりきったことに、本当に気がついたとき、製品にできる道は近づいてきます。

□お客様は、いままでの製品よりも使いやすいものを求めています。
□お客様は、カッコいいものをほしがっています。
□長持ちするものをほしい、……、と思っています。
□お客様は、いままでの製品よりは安いものを望んでいます。

発明家は、お客様の心に合わせて作品を考えていただきたいのです。

「発明1年生」のときは、紙と筆記具で書いてみて、「頭」の中だけでこれならカッコいいでしょう。安いでしょう。

……、と過大評価の想像をします。だけど、誰も相手にしてくれません。

それは、「頭」の中だけで、「YES」、「NO」の判断をしているからです。

まず、説明図（図面）を描くことです。次は、大きさ（寸法）を決めて、手作りで試作品を作ってみることです。

それを、自分で使ってみると、便利になったか。……、すぐに確認ができます。

次は、他の人（第三者）に使ってもらって、感想を素直に聞くことも大切です。

## ●製品に結び付ける計画・1　作品に関連した「情報」を集める

たとえば、ストローをボトルに内蔵した「ストロー付き飲料用ボトル」の作品です。「ストロー付き飲料用ボトル」に関連した「先行技術（先願）」は、「特許情報プラットフォーム(J-PlatPat)」で調べられます。

発明家が夢中になっても、製品に結び付かない作品もあります。それは、作品に関連した情報が少ないからです。魅力がある作品にまとめていないからです。

そういう中で、一番簡単な方法があります。それは、専門店、量販店、デパート、スーパーなど、いろいろなお店へ行くことです。そして、その分野の製品を把握するのです。売り場を探訪するうちに、新たな作品が浮かぶことだってあります。

何よりも自分が考えている製品の市場を理解しておかなければ、的外れの売り込み（プレゼン）になってしまいます。

したがって、市販品の欠点、不便なところについて、研究することも必要です。

○○の作品に関連した情報が集まれば、どうにかできます。従来の課題（問題）は、工夫したところは、発明の効果は、……、個条書きでいいです。内容を整理してください。

**●製品に結び付ける計画・２　作品の説明図（図面）を描いて、手作りで試作品を作る**

□説明図（図面）を描いて、大きさ（寸法）を決めて、手作りで試作品を作るのです。

□ものづくりの本、作品に関連した参考書を見ながら、３日、４日考えるのです。

□先輩にお願いして、技術の指導をしてもらうのです。

□先輩、後輩、知人を頼って、工場に行って、作り方を教えてもらうのです。

いろいろな方法で、思いつきの○○の作品、心を込めて完成させましょう。

**●製品に結び付ける計画・３　知識も豊富、得意なものにチャレンジする**

上手くいかなくて、ウン、ウン、とうなることもあるでしょう。

そんなことが何日か続きます。それは、○○の作品が製品に結び付く過程の道です。

苦しそうで、イライラしているように見えます。ところが、いま、チャレンジしている作品は、豊富な経験、知識もあります。得意なものです。だから、自然に力も入ります。

**●製品に結び付ける計画・４　継続することが大事**

継続してください。すると、ある日、ふっと名案が浮かびます。そして、課題（問題）が解決します。

そのときの爽快さ、まさに、この世の生き甲斐です。その過程の流汗（りゅうかん）、思考、鍛錬が一瞬エクスタシーとなって、よみがえってくるのです。

そこには、権利が取れなければならないとか、儲けなければならないとか、利己的なことは少しも浮かんできません。

ひたすら、多くの人に喜んでいただけるものを考えようとします。

このように物の考え方が「利己から利他」に変わります。

たとえば、○○さんは、立食パーティーのとき飲物の入ったコップと料理を盛った皿を持ったまま会場内を簡単に移動できるように「パーティー用の皿」を考えました。

## ●製品に結び付ける計画・5　目標の第一志望の会社に売り込み（プレゼン）をする

多くの人が喜んでくれる「パーティー用の皿」は、目標の第一志望の会社に売り込み（プレゼン）をすれば、製品に結び付けてくれるでしょう。

神はほほえみかけてきます。このように優しい心になれたときが「発明2年生」です。

したがって、このときの発明家の人間性は、きわめて明るいです。

□思いやりがある。
□人を憎まない。

□物の中に心を見る。
□実験（テスト）することをこよなく愛する。
□他の人（第三者）の意見によく耳を傾ける。
そうした、社会人として融合できる人間が形成されます。

こうなると、素敵な◯◯の作品が製品に結び付く日は間近にきています。いや、製品に結び付くのは、こうした精神生活の結果です。

さあー、一日も早く、「発明2年生」になりましょう。

それが、素敵な◯◯の作品を製品に結び付けられる発明家の本当の姿です。

## ■ここで、素敵な◯◯の作品の完成度を確認してみよう！

あなたの素敵な◯◯の作品の完成度はいかがですか（!?）。
□完成していますか（?）□もう少しで完成しますか（?）□未完成ですか（?）。
ここで、自己採点をしてください。知識が豊富で、大好きで、得意な分野をテーマ「科目」に選んだ人は、学校のテストの結果でいえば、80点か、90点でしょう。
自己採点：「　　　点」

もう一つ、私（中本）流の採点方法があります。突然ですが、質問です。

小学生、中学生、高校生、お母さんが、新鮮な食材を使って「カレー」を作りました。

あなたは、５００円払って、誰が作った「カレー」を食べたいですか（!?）。

答：「　　　　　　　　」

採点は〝カレー〟（辛い）ですか。……、特許（発明）の○○の作品も、大好き「得意」な、
テーマ「科目」を選ぶと、すぐに、いい結果に結び付きます。

第一志望の会社に売り込み（プレゼン）をすれば、採用通知の手紙が届くでしょう。

答：「お母さん」です。その理由、わかりますよね。

お母さん、いつも、美味しい料理を作ってくれて〝ありがとう〟ございます。

# 第4章

# 素敵な作品、こうすればお金になる

「人にマネされたら大変」と心配するよりも、

「誰もまねてくれなかったらどうしよう」

という心配のほうが大きい。

この章では、私（中本）が、日頃、町（個人）の発明家と、面接の相談、手紙の相談をしているとき、素敵な○○の作品を製品に結び付けるために、やり取りをしている内容の一部です。それをまとめました。大切なところは、何度も繰り返し説明しています。多少くどい点があるかもしれませんがご理解ください。

質問、相談は、特許願の出願に関連したことが一番多いです。

「発明1年生、発明2年生」で、作品が製品に結び付いていない発明家には、参考になる内容だと思います。予習、復習を兼ねてご一読ください。

なぜ、素敵な作品が製品に結び付かないのか（!?）。

……、今後の方向が見えてくると思います。ぜひ、ご活用ください。

## 1. 素敵な○○の作品を製品に結び付けよう

### ●大好きで、知識も豊富で、得意な分野にチャレンジして、毎日を楽しもう

素敵な○○の作品を製品に結び付ける力は、生まれつきの才能ではありません。先天的なものでもありません。特許（発明）の世界では、ムリに背伸びする、全然必要ありません。

中学、高校などの学習と違います。

特許（発明）は、大好きなテーマ「科目」を、好きな時間に、好きなだけやればいいのです。そうです。大好きで、知識も豊富で、得意な分野にチャレンジするほうが、何倍も特許（発明）を楽しめます。

素敵な○○の作品で、ロイヤリティ「特許の実施料」生活を生み出すキッカケにもなります。

ＡＩ、ＩｏＴ（※）などの最先端の技術は、カッコいいです。気にもなります。だけど、チャレンジしても、課題（問題）を一人で、解決できないでしょう。がんばっても、ムリなことがあります。たとえば、電気通信、情報分野の学習をしたことがないのに、パソコン、スマートフォン、携帯電話に、○○の機能を付ければ、すごいです。もっと、便利になります。

……、といっても、□欠点、使い方などの課題（問題）を書けますか。□その解決方法を説明図（図面）に描いて説明できますか。……、答え、書けないでしょう。

……、それが解答です。それが特許（発明）です。その説明ができなければ、知識が少ない分野にチャレンジしても、発想は、素敵なことですね、……、というだけで、会話が終わってしまいます。

※ＡＩ：artificial intelligence（人工知能）
　ＩｏＴ：Internet of Things（モノのインターネット）

## ●日本は先願主義です。だけど、特許願の出願を急げ、という意味ではない

「発明1年生」は、自分で考えた作品だけに、○○の作品は素敵です。最高です。……、と思ってしまいます。それが普通です。

そして、次の行動になります。日本は先願主義です。それで、特許願の出願をしなければ、大変だ、……、と思います。

ここで、あわてないでください。……、それでも、特許願の書類は、自分では書けない。だから、といって、30万円も、50万円もお金を使って、特許願の出願をする「発明1年生」がいます。このお金、「発明1年生」には負担が大きすぎます。「出願＝製品＝ロイヤリティ（特許の実施料）」ではないからです。

そんなことをしていたら、一番に応援してくれているハズの家族の人からも、すぐに反対されてしまいます。特許（発明）は、優しさ、と楽しむ余裕が大切です。その結果、○○の作品は製品に結び付きます。

## ●情報を整理してまとめれば、素敵な○○の作品は製品に結び付く

お金のこともありますが、それよりも、先行技術（先願）などの情報を集めることです。それを整理してまとめるのです。そうすれば、素敵な○○の作品は製品に結び付きます。

○○の作品、特許願の出願をするだけなら簡単です。「発明1年生」でも、少し学習をすれば、特許願の出願の書類は書けるようになります。実費だけで、特許庁に手続きもできます。
だから、その特許願の出願ちょっと待っていただきたいのです。

「発明1年生」は、タダの「頭」、「手」、「足」はたくさん使ってください。私（中本）は、喜んで応援します。だけど、ムリ、ムダなお金を使ってはいけませんよ。

もう一歩の練り方、磨（みが）き方で、素敵な○○の作品は製品に結び付きます。そのチャンスは誰にでもあります。

## ●作品のテーマ「科目」を決めるヒント

チャレンジしていただきたいテーマ「科目」があります。たとえば、スマートフォン、携帯電話、ＩＴ（情報技術）関連、洗濯機、大型冷蔵庫、電子レンジなどの周辺の付属品です。健康グッズ、キッチン用品、事務用品、トラベル用品などです。

この中から、あるいは、その周辺から、多くの消費者に喜んでいただけるような便利なものを考えましょう。

## 2.「思いつき」は、スタートライン

### ●自分で特許願の書類にまとめる練習が必要

素敵な○○の作品を思いついただけで製品に結び付けたい。……、と思っていますか（?）。

でも、いま、すぐには難しいです。その理由は、作品に関連した情報が少ないからです。また、○○の作品を完成させるために、手作りで試作品を作ることです。実験（テスト）をして、効果を確認します。上手くいかなければ、改良をして、作品の完成度を高めます。

そして、内容を整理して、特許願の出願の書類にまとめてください。

すると、素敵な○○の作品が製品に結び付くのです。そこで、とりあえず、○○の作品は、○年○月○日に創作しました。……、といえるように、特許願の書類にまとめる練習をしてください。そして、創作した事実を残しておいていただきたいのです。

○○のスポーツが大好きな人も、カラオケが大好きな人も、上手になりたい。

……、と思っています。だから、秘かに練習をしています。

### ●○○の作品を完成させてから、特許願、いつ出願するか、決めよう

○○の作品は、自信を持って、すごいです。……、といえるように、未完成の作品を完成させ

ましょう。それから、特許願の出願の手続きをしましょう。

そのほうがお金をムダにしなくてすみます。特許（発明）を楽しめます。

思いついた○○の作品が最高です。……、と思う気持ちはよくわかります。

それは、○○さんに「大好き」と告白したときと同じ気持ちだと思います。

でも、勇気を出して告白しました。ところが、私は結婚しています。私は大好きな人がいます。

……、といわれてしまい、「片思い」で終わるケースもあります。

情報が少ないと、どうなると思いますか（?）……、特許（発明）も、意匠も、先行技術（先願）があります。……、それで、終わってしまうのです。

だから、急いで特許願の出願をするより、○○の作品は、特許出願中（PAT・P）です。

……、と書いて第一志望の会社に売り込み（プレゼン）をしてみることです。

すると、素敵な○○の作品が製品に結び付くか、その可能性のチェックができます。

とにかく、作品に関連した情報を集めることです。作品を完成させることです。そうすれば、いいものができます。だから、大丈夫ですよ。

素敵な○○の作品、盗用されたら、どうするんですか（!?）。……、といって心配をする「発明1年生」もいます。だけど、会社は、勝手に特許願を出願するようなことはしません。会社の信用問題になるからです。

## ●売り込み（プレゼン）の体験をすることは大事

「発明1年生」は、○○の作品の売り込み（プレゼン）の体験をすることです。

自信満々のとき、他の人（第三者）が、作品の○○の部分が悪い、○○の部分の形が良くない。……、と改良点を指摘してくれます。

ところが、「発明1年生」には、気持ちに余裕がありません。そのため、苦言を受け入れられないのです。でも、近い将来、その意味がわかります。

いまは、第一志望の会社に手紙を書いてください。そして、売り込み（プレゼン）をしてください。返事は「NO（ゴメンナサイ）」ばかりです。なるほど、世間は、そう甘くはないなあー。やはりそうか。……、といったことが体験できます。

作品の評価について、早く納得できる方法です。それがわかれば、作品を改良して、完成度を高めるのです。すると、○○の作品が製品に結び付く日も近いです。

《まとめ》

積極的に改良をしないで、特許（発明）の芽を摘むより、自信をもって、製品に結び付くように、○○の作品を大きく育てることが大切です。

## 3. 先行技術のチェック・市場調査で、疑問&心配なことがなくなる

次の質問は、特許（発明）の学習をスタートしたばかりの「発明1年生」から相談を受ける内容です。疑問に思っていることです。また、同時に起きてくる心配なことです。

それを紹介しましょう。参考にしてください。

### ●疑問&心配なこと

□①○○の作品は、特許（発明）、意匠の権利が取れますか。
□②特許（発明）、意匠の出願の書類は、何を参考にすれば書けるようになりますか。
□③○○の作品は、発明コンクール、ミニコンクールに応募すればいいですか。
□④○○の作品は、第一志望の会社に売り込み（プレゼン）をすればいいですか。
□⑤○○会社と○○会社の2社から、○○の作品の契約をしたい。……、といってきたらどうすればいいですか。

近い将来、○○の作品で、ロイヤリティ（特許の実施料）生活ができるように、これらの疑問、心配を解くテクニックを一緒に学習しましょう。

次のような質問、相談も受けます。

○○の作品を考えて、第一志望の会社に売り込み（プレゼン）をしました。するど、○○の作品、製品に結び付けたい。……、ということで話が進んでいます。だけど、次のことが心配です。それで、話を進められなくて、困っています。どのように対応したらいいか、ご指導をお願いします。

## ●疑問＆心配なこともなくなる

□①先行技術（先願）は、調べていません。どうすれば調べられますか。

□②○○の作品は、まだ、特許出願中（ＰＡＴ・Ｐ）です。特許願の出願をして、1年6か月過ぎていないので、公開もされていません。それで、契約をしてもいいですか。

□③○○会社が契約をしたい、……、といった後で、○○の作品の先行技術（先願）が見つかったら、どうなるのでしょうか。

□④○○の作品を売ってしまう（譲渡する）ときには、どんな手続きが必要ですか。

□⑤契約書の書き方がわかりません。

……、といったことです。

○○の作品を考えて、社会の役に立ちたい。○○の作品を製品に結び付けて、お金を儲けたい。……、と思って一生懸命にやってきました。

それが現実になって目の前にあらわれたとき、願望がかなえられた喜びと一緒に本当かなあー、これでいいのかなあー、と疑問、心配が押し寄せてきます。でも、悩まないでください。先行技術（先願）のチェック、市場調査をすれば、疑問、心配もなくなります。

## ●会社は、作品の先行技術（先願）の調査をしてから、製品に結び付ける

○○の作品を受け入れる側（会社）にも同じように疑問、心配することがあります。

会社は、○○の作品を製品に結び付けるとき、先行技術（先願）の有、無、新規性があるか、進歩性があるか、……、など、権利化の可能性の判断をします。

また、○○の作品はすごいです。○○の作品は売れそうだ！　と思ったとき、作品の先行技術（先願）の調査をします。それで、先行技術（先願）がなければ契約をします。

作品が、他社の権利を侵害したら大変です。だから、作品の先行技術（先願）の調査をしてから、製品に結び付けて売り出します。

《まとめ》

会社は、○○の作品を製品に結び付けるとき、先行技術（先願）の有、無、権利化の可能性の判断、契約条件の取り決めなどは、市場調査とともに重要なポイントとして、忘れることはでき

ないのです。

## 4．特許願の出願は、魅力がある作品にまとめてからにしよう

### ●一日も早く特許庁に特許願の出願をするのか

特許（発明）、意匠（デザイン）を考えたら、その時点で、すぐに、特許願の出願をするのですか。

……、そうですよねー、日本は先願主義です。特許（発明）の法律書に、一日も早く特許庁（東京都千代田区霞が関３－４－３）に出願することが大切です。……、と書いています。

それが原則です。ところが、いつの時点で特許願の出願をするのですか。

……、といった問題は、難しい質問です。多くの発明家も、会社の知的財産権の担当者も、悩む問題です。とくに、「発明１年生」はたくさんのヒントを抱えています。一日も早く特許願の出願をしなければ、他の人（第三者）にマネされて作られてしまうのではないか、と悩み考えます。それで、……、

□○○の作品と同じ先行技術（先願）が前にあったかどうかもわかりません。

□「特許情報プラットフォーム（J-PlatPat）」で先行技術（先願）を調べる方法もわかりません。
□○○の作品が特許の権利になるかどうかの判断ができません。
□特許（発明）の出願の手続きの流れなどの概要も学習していません。
□特許願の出願の書類も書けません。
□会社に売り込み（プレゼン）をしていません。

……、その結果、上手に交通整理ができないのです。

少しの情報で、「発明1年生」は、○○の作品は立派で、すごいです。素晴らしい！　と思い込んでいます。

本当に○○の作品、魅力がありますか、……。試作品、作ってみましたか。実験（テスト）をして効果を確認しましたか。この時点で、多くのケースが○○の作品は未完成です。それなのに、急いで特許願に出願をすることだけを考えています。

悩みました。それで、答えを出します。……、30万円も、50万円も、お金を使って、特許庁に特許願の出願をすることです。でも、いま、使えるお金は、……、と考えて、やはり高いと思います。すると、ここで、また、どうしよう。……、と悩みます。

そういうときは、ここで少し、「頭」、「脳」を休憩させましょう。

### ●自分では、素敵な作品だ、と思っていても、新しくないこともある

「発明1年生」が、特許（発明）の学習をスタートしたばかりのころ、思いついた◯◯の作品は残念ですが、先行技術（先願）があるケースが多いです。

たとえば、包丁の作品で、□①包丁の側面に波状の凹凸部を付けました。□②包丁の先端に小さな穴を付けました。□③包丁の背の部分に栓抜きを付けました。

ここで、本人は、すごい作品を考えた。……、と思うのです。だけど、先行技術（先願）があることを知らないのです。そのことを知らずに大切な時間、お金をかけてしまうのです。

《まとめ》

素敵な◯◯の作品が生まれました。そのとき、次にやっていただきたいことがあります。それは、特許庁の「特許情報プラットフォーム（J-PlatPat）」で、先行技術（先願）を調べることです。また、一人で悩まないでください。考えないでください。発明団体の相談コーナーで相談しましょう。あるいは、日曜発明学校に出席して相談してみることです。

## 5．生きた特許（発明）が体験できる日曜発明学校

現在、全国50数カ所で、毎月、1回・日曜日（または、土曜日など）に集まって日曜発明学校（研究会）が開校されています。

多いところでは、１００余名、少ないところでも、10数名の町の発明家が集まります。目を輝かせながら、マイクを握る司会者、発表者の一言一句に集中しています。

ここに集まる人は、町（個人）の発明家、サラリーマン、技術者、家庭の主婦、ＯＬ、学生さんなど、じつにさまざまです。たとえば、いま使っている家庭用品の不便なところを改良して発表します。

### ●情報の交換ができる

講師、会場の参加者と情報を交換し合います。みんなで、発表した○○の作品が製品に結び付くように協力します。特許（発明）の先輩がいて親切に教えてくれます。

日曜発明学校に、出席してください。すると、作品のレベルがみちがえるほど高くなります。メンバーも大歓迎してくれます。素敵な作品ができたら、日曜発明学校で発表してください。売り込み（プレゼン）の練習ができます。

素敵な作品を考えた人のスポンサーになろうという会社の経営者、企画、開発担当者も出席しています。製品に結び付く道も開けています。

参加費（当日会費）は、1回、1000円くらいです。面接で個人相談も受けられます。

**●東京日曜発明学校の最寄り駅……「都営大江戸線（地下鉄）・若松河田駅」**

若松河田駅は、「新宿西口駅」からだと2つ目の駅「新宿西口駅→東新宿駅→若松河田駅」です。改札口を出た真正面に案内用の地図があります。その地図に一般社団法人 発明学会の場所が表示されています。「河田口」を出て左側方向へ、徒歩約5分のところです。

「発明学会」は、5階建ての黒っぽいビルです。会場は、3Fのホールです。

日曜発明学校の場所、資料が必要なときは、お手数ですが本書を読んだと書いて、〒162－0055 東京都新宿区余丁町7番1号 一般社団法人 発明学会「日曜発明学校」中本 繁実 宛て、返信用切手84円×8枚を同封し請求してください。

「発明ライフ・入門（定価500円）」をプレゼントいたします。

**●東京日曜発明学校で発表「プレゼン」ができる！**

東京日曜発明学校（校長 中本 繁実）は、毎月、第3日曜日に開催しています。

当日の、作品の発表は、10件です。1人（1作品）の発表時間は、質疑応答を含め、約7分です。作品の発表は、13時～14時40分頃まで続きます。

★

◆発表者　作品発表（4分）
◆司会者　質問はありませんか。
◆参加者　私も、○○に困っていたところです。……、とても感心しました。
◆参加者　いい案だと思います。
ところが、この形状では、……、使いやすさの面で問題が、……。
などの批評が、……。
◆司会者　講師の方にお伺いします。
○○の作品は、特許、意匠の権利が取れるでしょうか。
◆講　師　物品の形状が〝可愛い〟ので、意匠の権利が取れるでしょう。

★

……、などの、やりとりが行なわれています。

こんな要領で、日曜発明学校は、すでに、60数年間、継続しています。日曜発明学校から生まれた小さな作品は何万件もあります。また、発表された作品の中に、マスコミが取材してくれる作品もあります。○○の作品が製品に結び付く後押しになります。

日曜発明学校に出席してください。そして、素敵な○○の作品を発表してください。そこで、多くの人の意見を聞くことができます。製品に結び付くヒントもつかめます。

また、ここで発表した作品は、その日集まった人たちが投票して、どれが一番良かったかを決めています。〝トップ賞〟には、賞状と楯（たて）が授与されます。

〝トップ賞〟を取ると、自分の作品に、より自信が高まります。また、売り込み（プレゼン）の活動にも箔（はく）が付きます。

〝トップ賞〟が取れなくても、会場（参加者）、講師の意見を参考にして、いっそう作品を発展させましょう。そして、試作のレベルを高めましょう。

日曜発明学校を、作品の製品に結び付ける登竜門として、活用してください。

## ■「作品の発表用紙」の書き方

**◆発明の名称　分割式の収納容器**

**◆作品の「要約、構造、効果」の説明**

**【要約】**　ブックエンドの作品の考え方を、台所などで使う容器に応用した、フリーサイズの分割式の収納容器です。

【構造】　台所などで使う容器を、雑誌、料理カードの大きさに、自在に対応できるように、マス状の容器をタテに２つに分けます。

容器の裏面にゴム磁石を付けます。そして、フリーサイズにします。

【効果】　冷蔵庫の側面に取り付けて使えば、料理のカード、雑誌の大きさに、自由に対応できます。

【説明図（図面）】

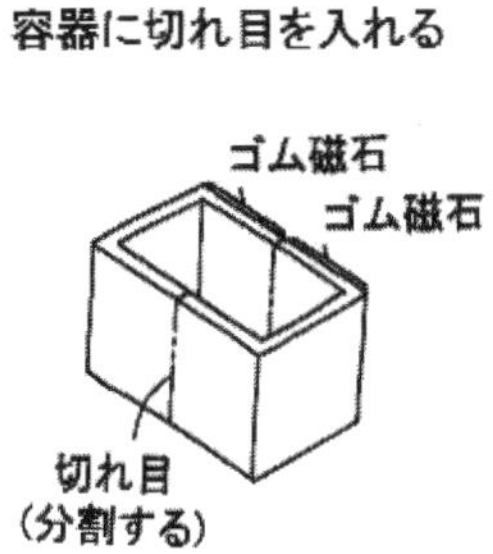


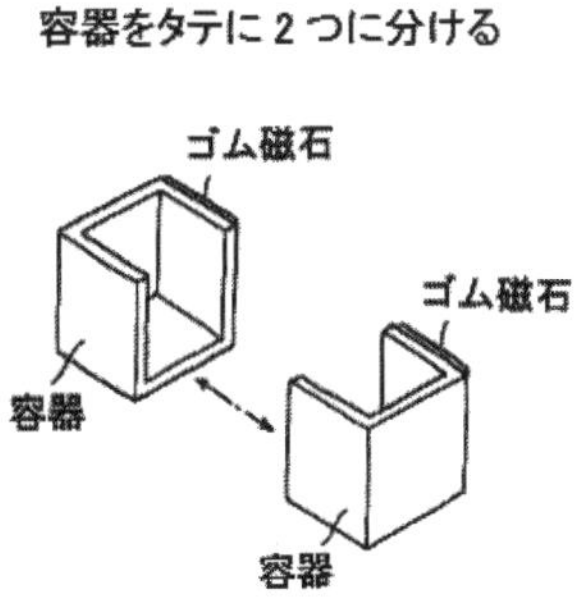


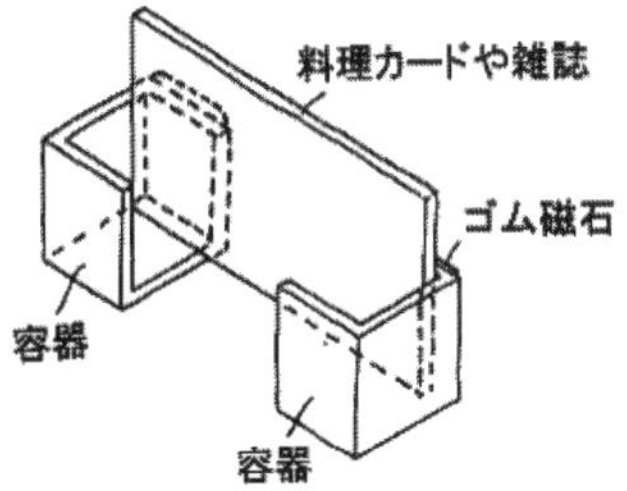

**●次の要領で作品の説明をする**

（1）手作りの試作品と説明図（図面）で、実際の使い方をみなさんに伝えてください。

（2）作品のセールスポイントを説明してください。

（3）従来（いままで）の商品の欠点を説明し、改良した点を説明してください。

（4）構造（しくみ）、素材などの説明をしてください。

**●発表は、試作品と説明図（図面）を使って、わかりやすく説明しよう**

（1）視覚的な効果を有効に使って、説得力のある説明をしてください。

（2）前置きは、少なめにしてください。実際に、試作品、説明図（図面）を見せる時間を多めにしてください。

（3）作品がもたらす効果を単刀直入にＰＲしてください。

（4）従来品の欠点を、できれば、現物（試作品）を見せて比較し、作品の良さが浮かび上がるように説明してください。

（5）どんな「物品の構造」で、どんな「物品の組み合わせ」で構成されているかを簡単、明瞭に伝えてください。

●日曜発明学校で発表することの意味

（1）会場の参加者から、さまざまな意見を聞くことができます。
今後、作品を改良するときのヒントに活用できます。

（2）〝トップ賞〟をはじめとする各賞を獲得すると、作品の売り込み（プレゼン）の付加価値が付きます。

（3）短時間で、的確に、作品の内容を伝えることは、売り込み先と交渉するときの「話し方」の練習にもなります。

## 6.〝発明コンクール〟に応募して、作品の実力を確認しよう

スポーツと同じように、作品の実力〝発明力〟を試すときには、練習試合に参加してみることが一番です。作品の実力を確認できるのが〝発明コンクール〟です。

発明コンクールで上位に入賞すると、契約金、30～100万円、ロイヤリティ「特許の実施料」、2～5％で製品に結び付く可能性も出てきます。

メリットの一つは、特許願の出願をしなくても、応募ができることです。書類は公開しません。

入賞したら、特許願の出願の書類の書き方などの指導もしてくれます。

「出願＝入選」ではありませんよ。だから、書類審査の発表後に、特許願の出願をしても遅くないのです。何万円も節約ができます。また、製品に結び付いていない作品なら、他の発明コンクールに応募したものでも大丈夫です。

会社の担当者は、製品に結び付く作品を熱心に探しています。だから、みなさんの作品が製品に結び付くのです。その審査をしてくれるのが協賛会社の社長さんです。企画、開発担当者です。だから、結論が出るのも早いです。水準以上の作品なら、製品に結び付く可能性も大です。発明コンクールは、「発明1年生」の作品が製品に結び付く「登竜門」です。

## ●発明コンクールは、特許願の出願をしてから応募するのか

発明コンクールに応募するとき、応募要項に、特許願の出願をしてから応募してください。……、と書いているケースもあります。特許願の出願をしていないのに、……、と心配だと思います。だけど、○○の作品は、まだ、思いつきの段階です。

考えてみてください。特許願の出願をして、応募したから、といって入選「出願＝応募＝入選」するわけではないのです。製品に結び付けてくれるわけではありません。

あくまでも予選会です。事実多くの人の作品が選外になります。特許願の出願の書類を書いて、

出願の準備をしておいて、請求されたときに、その写しを送ればいいのです。

たとえば、中学生、高校生のスポーツ大会でもそうです。地区予選からスタートして全国大会をめざします。

落選したとき、……、当然ですが特許願の出願手数料はもどってきませんよ。その費用ってどうなるのでしょう。……、気になりますが、高くつくと思いませんか。

発明コンクールに入賞するために、特許願の出願のことを気にする前に、やることがあるということです。最初にやることは、作品に関連した情報を集めることです。手作りで、試作品を作ることです。それから、実験（テスト）をして、使いやすいか、効果を確認することです。不具合なところが確認できれば、改良ができます。完成度も高まります。完成度が高ければ入賞します。

## 7．最初は、1回1件・発明体験相談を活用しよう

一般社団法人 発明学会（会員組織）では、初心者のために、1回1件・発明体験相談を行なっています。

## ●発明学会の最寄り駅は、「地下鉄・都営大江戸線・若松河田駅」

若松河田駅は、「新宿西口駅」からだと2つ目の駅「新宿西口駅→東新宿駅→若松河田駅」です。改札口を出たら、すぐ目の前に地図があります。一般社団法人 発明学会の場所も表示されています。地上の出口は「河田口」です。徒歩約5分です。

遠方で、面接相談にこられない方のために手紙で、1回1件・発明体験相談ができます。

本書を読んだと本の書名を書いて、説明書（明細書）と説明図（図面）をお送りください。先行技術（先願）を調べた情報のコピーも一緒に同封してください。

それで添削指導を受けるといいでしょう。質問したい内容は、わかりやすいように個条書き（Q&A）にしてください。

できれば、用紙はA4サイズの白紙を使ってパソコン（Word）、または、丁寧（ていねい）な字で書いて必ず写し（コピー）を送ってください。ただし、返信用の費用は、ご負担いただきます。返信用の切手を貼付、〒・住所、氏名を書いた封筒（定形外）も一緒に送ってください。返信用の切手とは別に、1回1件・発明体験相談の諸費用は、84円切手×8枚を同封してください。

特許願の出願をするときの書類の書き方の指導から、売り込み（プレゼン）などのアドバイスをしてくれます。

この本の書名を書いて、一言、本の感想を書いていただけると嬉しいです。パンフレット、各種資料を郵送します。「発明ライフ（小冊子）５００円」プレゼントいたします。
〒１６２−００５５　東京都新宿区余丁町７番１号
一般社団法人　発明学会　気付　中本　繁実宛て

## 8．特許出願中と書いて、売り込みをしよう・その1

（1）「特許出願中」と書いて、第一志望の会社に売り込み（プレゼン）をしよう

### ●会社がほしいのは、上手い文章ではない

私（中本）がお薦めしたい売り込み（プレゼン）の方法があります。それは手紙です。
○○の作品は、特許出願中（ＰＡＴ・Ｐ）です。……、と書いて、第一志望の会社に売り込み（プレゼン）をすることです。
会社がほしいのは製品に結び付く○○の作品です。上手い文章ではありません。

説明文は、６００字くらいにまとめましょう。それに説明図（図面）を添付してください。それだけでいいのです。さっそく書いてみましょう。用紙は会社の担当者が整理しやすいようにＡ

4サイズを使いましょう。そして、周囲には余白を取りましょう。

この方法なら、84円か、94円の切手代で、第一志望の会社の様子がわかります。

担当者には手数をかけて申し訳ないのですが、……、ご協力、よろしくお願いいたします。

## ●特許出願中の肩書きが大切

売り込み（プレゼン）の際に「特許出願中」の肩書きがあれば、会社の受け入れの姿勢も違ってきます。

特許庁に特許願の出願もしていないのに、道徳的にチョット、……、と気にする人もいるかも知れません。でも、作品は、未完成のケースが多く、そのままでは、製品に結び付かないのです。だから、そう気にしないでください。第一志望の会社の担当者が気に入ってくれたら特許庁（東京都千代田区霞が関3－4－3）に特許願の出願をするのです。

（2）特許願の出願の書類は、すぐに書いて実力をつけよう

特許願の出願の書類を1件書くことは、書類の書き方の本を10冊読むよりも、実力がつくといわれています。それは、内容をまとめると、作品の整理ができるからです。

その結果、売り込み（プレゼン）をした第一志望の会社から、製品に結び付けるために検討し

たいので特許願の出願の書類を見せてください。……、といった朗報がきます。

（3）先に特許願の出願をされたらどうしよう。……、と心配するよりも

## ●心配しなくてもいいことがすぐにわかる

特許願の出願について、「発明1年生」が気にすることがあります。それは、先に特許願に出願されて、その権利を取られてしまったらどうしよう。……、といった心配ごとです。

そういうときは、創作したときの日付（○○年○月○○日）を残しておくことです。

目的（いままでの製品との比較）、構造（しくみのポイント）、発明の実施の形態（実施例、使い方）、効果（セールスポイント）、説明図（図面）、詳しい設計図などを描いて、○○の作品は、○○年○月○○日に考えました。……、といえるように、書類にまとめて、創作した事実を残しておいていただきたいのです。

売り込み（プレゼン）をした第一志望の会社がそのまま使ったとき、文句だっていえます。

これで、盗用されたらどうしよう。……、といった心配もなくなるでしょう。

会社の信用問題になります。だから、勝手に特許願の出願をするようなことはしません。

そのような状況の中で、先方が○○の作品、製品に結び付けたい、素敵な作品です。……、と

思ったら、特許願の出願はいつしましたか。特許願の書類の写しを送ってください。……、といった、嬉しい手紙がきます。あるいは、電話がかかってきます。ここまでくれば、しめたものです。目標の60％くらいのところまできました。

このように、嬉しい手紙がくるように、作品を完成させることです。

返事が返ってこなくて、お断りの手紙が届いて、カンカンに怒って、相手を非難する。……、そういった「発明1年生」の相談を受けることもあります。

怒ってはいけません。課題（問題）は、作品にあります。関連の情報が少ないからです。また、素敵な○○の作品が未完成で、完成させるための途中だからです。

（4）特許出願中と書いて、会社に売り込み（プレゼン）をして、様子をみよう

特許願の出願をするのが先です。一日遅れたら他の人（第三者）のものになります。

……、日本は先願主義です。だから、産業財産権の法律書を見ると、そう書いています。

だけど、作品を製品に結び付ける、という面から考えると先に特許願の出願をすることは、特許願の出願の費用をムダにするケースが多いようです。「出願＝製品」でないからです。

30万円、50万円、お金を使えば出願することは簡単にできます。あわてて特許願の出願をする前に、○○の作品は、特許出願中（ＰＡＴ・Ｐ）です。……、と書いて、手紙で売り込み（プレ

ゼン）をして、第一志望の会社の様子をみていただきたいのです。
もちろん、特許願の出願の書類は、いつでも特許庁に出願ができるようにまとめておくことです。また、第一志望の会社の担当者が製品に結び付くヒント、アドバイスをしてくれます。そうなれば超ラッキーです。その内容を付け加えればいいのです。この時点で、完成度も相当高くなっています。

《まとめ》

素敵な○○の作品を製品に結び付けるために、売り込み（プレゼン）は本当に大切です。日本は先願主義です。だから、○○の作品を完成させて、特許願の出願をすることも大切です。だけど、多くの作品が「出願＝権利＝製品」ではないのです。そのため、私は「出願＝製品」を目指していただきたいと思っています。

とにかく、売り込み（プレゼン）をして、第一志望の会社の様子を見ることです。いつでも製品に結び付くように、○○の作品の完成度を高めておくことが大切です。

それが、ムダのないやり方です。作品が製品に結び付いて、儲けたら、また、お金に余裕がある人はプロに頼むのもいいでしょう。

## 9．特許出願中と書いて、売り込みをしよう・その2

### ●「特許出願中（ＰＡＴ・Ｐ）」でも売り込める

売り込み（プレゼン）をしたい、第一志望の会社を決めていないですか。それでは、会社を調べましょう。簡単な方法があります。それは、インターネットなどで同種の製品を製造、販売している会社を調べることです。会社の業務内容などの情報も調べられます。すると、傾向と対策を練ることができます。状況がわかります。

次は、手紙を書いて、○○の作品、採用してください。……、とお願いするのです。

一度に、５～10社くらいに手紙を送ればいいでしょう。

複数の会社に売り込み（プレゼン）をして、２社も、３社も、同時に契約をしたい。……、といってきたらどうすればいいのですか。……、気になりますよね。

それはありがたいことです。そういうときは、製品に結び付けてくれる時期が早くて、契約の条件がいい会社と契約をすればいいのです。

そして、他の会社には、先日、提案させていただいた○○の作品は、お陰様で、○○会社で製品に結び付けてくれることになりました。……、と手紙を書いてお断りしておくのが礼儀です。

## ●一つの作品を複数の会社と契約ができる

一つの作品を○○会社と○○会社の２社と契約をすることはできませんか。

「通常実施権」といって、何社にも実施権を売ることはできます。

しかし、実際問題として、よほどいい作品でないと何社も契約をしたい。……、といって申し込んでくることはありません。たいてい「専用実施権」で、契約をして、その権利を独占したい。……、といってきます。それで満足すべきです。

次は、ロイヤリティ「特許の実施料」のことが心配で悩むこともあります。

もし、権利が取れなかったとき、お金は返金するのですか。……、ということです。

ときどき、「発明１年生」に質問、相談される内容です。

特許出願中のロイヤリティ「特許の実施料」は返さないのが慣例になっています。それが心配な人は、契約書にそのことを書いておきましょう。

《まとめ》

特許出願中で、まだ、権利が取れていなくても、作品が新しくて、売れる作品だ！　と思えば、会社は製品に結び付けてくれます。

出願中の製品には、「特許出願中」、「ＰＡＴ・Ｐ（特許出願中という意味です）」とカタログ、製品のパッケージなどに表示されています。

## 10．すぐに使える、売り込み（プレゼン）の手紙の書き方

（1）売り込みの手紙の書き方《すぐに使える、文例・1》

○○○○　株式会社
社外アイデア　企画開発担当者　様

手紙を見ていただきましてありがとうございます。

拝　啓
貴社ますますご隆盛のこととお喜び申し上げます。
いつも、御社の製品、○○○○を愛用させていただいております。
その便利さに感謝しています。

さて、今回、説明図（図面）のように物品の形状がポイントの○○の作品を考えました。
それで、製品に結び付く可能性があるかどうか、ご検討をお願いしたく、突然ですが、手紙をお送りさせていただきます。

簡単に説明いたします。○○は、………（内容をわかりやすく書いてください）
……………………………………………………………。

すでに、試作品を作り、何カ月も使っています。友人、家族にも好評を得ています。
説明図（図面、または、試作品の写真）を添付いたします。
書類を見ていただきたいと思います。
前記の件、ご多忙中大変恐縮ですがよろしくお願い申し上げます。
まずはお願いまで

敬具

【説明図（図面）】

〒
住所（フリガナ）
氏名（フリガナ）　（　歳）

TEL.　　　　　　　　FAX.
E-mail

※簡単な自己紹介を書くと効果的です。
　担当者も返事がしやすいと思います。

最後までご一読いただきましてありがとうございました。
心から感謝いたします。

（2）手紙の書き方《すぐに使える、文例・2》

○○○○　株式会社
社外アイデア　企画担当者　様

手紙を見ていただきましてありがとうございます。

拝　啓

時下ますますご清栄のこととお喜び申し上げます。

さて、私は新しい作品を作ったりすることが趣味です。大好きです。

今回、説明図（図面）のように物品の形状がポイントの「拍子木」を考えました。

手作りですが、試作品を作り、実験（テスト）をして、効果を確認しました。

そこで、製品に結び付く可能性があるかどうか、ご検討をお願いしたく突然ですが、手紙をお送りさせていただきました。

「拍子木」の技術背景を簡単に説明いたします。

いままでの「拍子木」といえば、角柱と角柱の木を組み合わせたものでした。

この拍子木を使うときは、互いに角柱の面と角柱の面で打ち合わせ、「カチ」、「カチ」と音を発していました。

それで、美しい同一音を連続的に発するためには、ある程度の練習と技術が必要でした。

そこで、簡単に同一音を発することができるように新しい形状の「拍子木」を考えました。

角柱と円柱の木を組み合わせた拍子木です。それをひもで結びました。

角柱と円柱を組み合わせると打ち合わせるとき角柱の面と円柱の曲面（線）で接触します。

その結果、誰が使っても、すぐに美しい同一音を連続的に発することができるようになったのです。

また、両方に握り部を付けて、握り部を人形の「こけし」のようにして、それを男女の頭形にすれば、お土産品としても人気が出ると思います。

前記の件、ご多忙中大変恐縮ですがよろしくお願い申し上げます。

まずはお願いまで

敬具

【説明図（図面）】

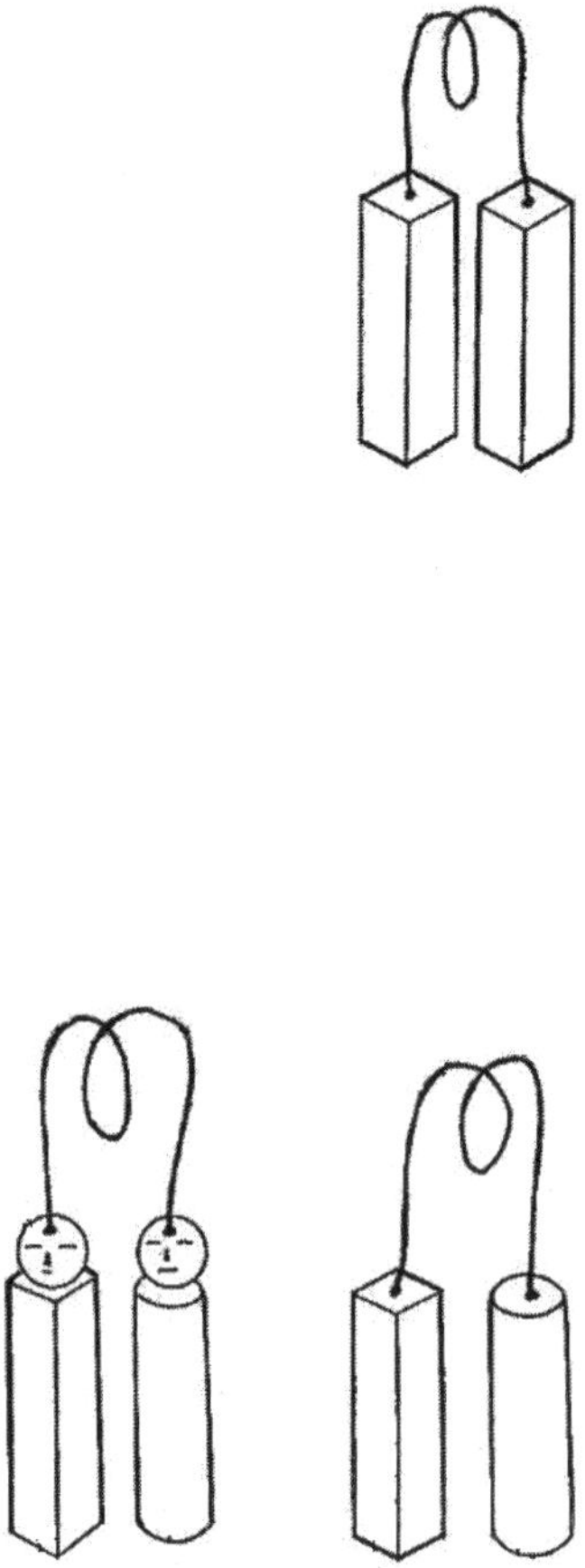

〒

住所（フリガナ）

氏名（フリガナ）　　　　　　　　　　（　歳）

ＴＥＬ.　　　　　　　ＦＡＸ.

E-mail

※簡単な自己紹介を書くと効果的です。
　担当者も返事がしやすいと思います。


最後までご一読いただきましてありがとうございました。

心から感謝いたします。


手紙の書き方はだいたい以上のような形式です。

これを参考にして書けばいいでしょう。

手紙を送ると、先方が、これは売れそうな作品だ！　と思えば、○○の作品の試作品を持って来社してください。……、といった手紙が届くか電話がかかってきます。

手紙の売り込み（プレゼン）は非常に簡単です。返事は、早ければ早いほど製品に結び付く可能性も高いです。

（3）「説明図（図面）」を上手に活用しよう

「説明図（図面）」を上手に活用するのは、売り込み方のポイントです。

一図（一途）からスタートします。

お見合い写真と同じだと思います。一枚の写真からスタートします。

「説明図（図面）」は、写真のように一目でわかるので斜視図「立体図」が一番です。

普通の図面（製図）では、図面の読解力がない人にはわかりにくいからです。

あなたが斜視図の学習をして、描き方を知っていれば斜視図を大いに活用してください。

そうすれば、短時間で作品のポイントを理解していただけます。しかも、効果は大です。

普通の図面（平面図）を描いてもいいのですが図面の描き方のルールなどを知らなければ、物品の形状が理解できなくて、その人を困らせてしまうことになります。

ここでも、〝思いやり〟が大切です。

「斜視図」を描くための参考文献は、拙著『これでわかる立体図の描き方（基礎と演習）』（中本繁実編　パワー社刊）などがあります。

発明者のあなたが、○○の作品をデビューさせるための最高のステージをつくってあげてください。それをセットしてください。

《チェック》
いつも自分が逆の立場になって、嬉しいお便りだったら、読みたいのになあー、ありがとう。……、といえるような手紙を、気持ちを込めて書きましょう。

(4) ○○の作品の説明文は、短文の方がいい
○○の作品の説明文を書くとき気をつけていただきたいことがあります。
それは、原稿用紙に、3枚も、4枚も、書いてはいけないということです。すぐにクズかごに入れられる可能性が高いからです。

だって、担当者は、日々の業務で、忙しいです。乱雑な文字、長文は誰も読んでくれません。

とてもさみしいことですけど、……。

説明が、1000字も、2000字にもならないようにしましょう。

特許庁（東京都千代田区霞が関3－4－3）へ提出する特許願の書類の要約文「要約書」は、400字以内です。

売り込み（プレゼン）の手紙は、○○の作品を製品に結び付けてください。……、とこちらが頼んでいるのです。

目安としては、６００字くらいがいいでしょう。

その中に、「発明の目的」、「構造（しくみ）」、「使い方」、「効果」を簡単にまとめるのです。

説明がわかりにくい、長文になると読んでくれないケースが多いようです。

○○の作品は、当社に必要です。後日、面談してもっとくわしい話を聞かせてください。

……、と思っていただけるように、○○の作品の説明を書くことです。

効果、セールスポイントは少しオーバーに書いてください。

文章は手書きよりはパソコン（Word）のほうがいいと思います。

《まとめ》

提案するときの用紙の大きさは、Ａ４サイズが一般的です。そのほうが会社の担当者も整理しやすいと思います。

手紙と一緒に「〒・住所・氏名を書いた（返信用の切手を貼付した）封書」を入れておくと様子が早くわかります。あとは、その返事によって行動すればいいのです。

## 11．○○の作品の原稿を新聞社、出版社に投稿できる

### （1）○○の作品の原稿を新聞、雑誌に投稿すれば、無料でＰＲができる

自分の○○の作品、あるいは、他の人（第三者）の作品でも結構です。○○の作品の説明を６００字くらいにまとめるのです。そして、書いた原稿を家族、友人に読んでもらって、内容の説明がわかるか、……、確認をしましょう。

**◆「冷凍庫用保存容器」**

たとえば、冷凍して、保存したご飯がすぐに取り出せるように工夫した「冷凍庫用保存容器」があります。

プラスチックで区分けした容器です。その容器に、ご飯をそれぞれ小分けします。冷凍して、保存ができます。

それを、１食分ずつ取り出しやすいように容器の底に穴を開けています。中身を下から押すだけで、ご飯が簡単に取り出せるのです。

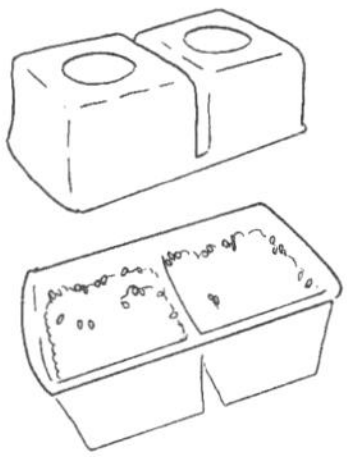

その説明がわかってもらえるか確認してください。

今度は、それを新聞社の編集部に原稿を投稿してみるのです。はじめは、地方の新聞、雑誌、業界紙などがいいと思います。同じ原稿を３社か、４社に送ってください。

「冷凍庫用保存容器」が読者の興味を引くものであれば、原稿が上手、下手に関係なく関連の会社で製品に結び付けてくれます。

たとえば、有名な作家でも、最初の頃は、投稿からはじまって力試しをした人が多いようです。小説などと違って、特許（発明）の作品の説明をした原稿は掲載されやすいです。だから、原稿にまとめてみることです。新聞社などの住所は、「マスコミ電話帳」、「インターネット」などで調べられます。

たとえば、私（中本）がお付き合いをしている会社では、新しい製品ができると、その製品の特徴を上手くまとめて、原稿を50社くらいの新聞、雑誌に投稿して製品のPRをしています。

それを称して、マス（マスコミ）セールスといいます。すると、いいものだと5～10社くらいが記事として採用してくれるそうです。それは大きな無料広告になります。

（2）手作りの試作品の図面（写真）と原稿を送ってみよう

### ◆「冷凍庫用保存容器」

私は、冷凍保存したご飯を簡単に取り出せるように「冷凍庫用保存容器」を考えました。説明図（図面）を描いて、手作りで試作品を作りました。

ご掲載お願いいたします。……、と書いてください。

**◆点眼補助具「アカンベー」**

または、私の友人の○○さんは、点眼補助具「アカンベー」を考えました。

まぶたに当てた部分が支点になり、目薬がしやすい補助具です。まるで、アカンベーの様子から命名しました。

自分で製品に結び付けて、ユニークなネーミングからマスコミにもたびたび登場します。

○○の作品、記事にして、取材していただけないでしょうか。……、と書いて試作品の図面（写真）と原稿を送ってみるのです。

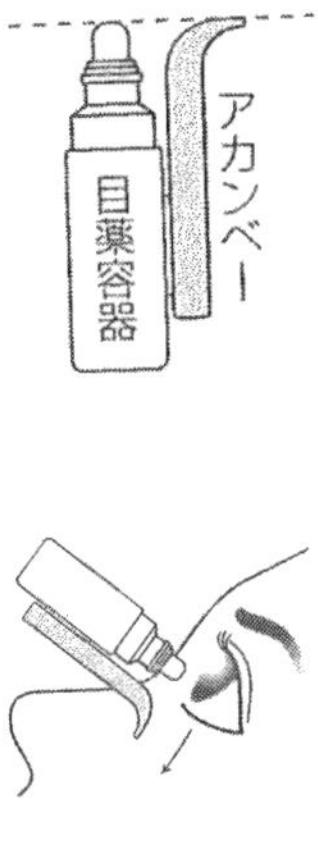


原稿が書けて、不安なときは相談してください。一緒に考えましょう。

まだ、製品に結び付いていない作品は、たくさんは出せません。そういうときは、最初5社くらいに原稿を送ってみてください。どこか1社が採用してくれたときは、他の出版社には、そのことを伝えて、丁寧（ていねい）にお断りしてください。

同時に、2つ、3つの新聞に掲載されると、それは原稿料を数社からもらったら失礼になります。もちろん、3カ月も、4カ月もすぎてからだったら、二重、三重に掲載してもらっても不道徳ではありません。

これは、新聞のときも、雑誌のときも同じです。たとえば、大雑誌に同じ月に同一の原稿が掲載されると、それは出版社が困ってしまいます。

同時に同じ原稿を大きな新聞、出版社の数社に送ることはしないほうがいいでしょう。

業界紙とか地方紙など小雑誌なら、お互いにあまり関係がないと思います。そういうときは、同じ原稿を送っても問題にはならないと思います。まだ、無名のときは、重複の掲載で叱られるくらいがいいでしょう。

(3)作品を新聞、雑誌などに紹介していただけるように、短文で原稿を書いてみよう

「冷凍庫用保存容器」をテレビ、ラジオに売り込み「プレゼン」をするときは、多少時間はかかります。それには、○○の作品の試作品がないと紹介してくれないからです。

新聞、雑誌などに紹介していただいて、多くの人に同時に知っていただけることはスポンサーをさがす方法としては最高です。

第一に○○の作品の試作品がなくても大丈夫です。なぜなら、それは掲載できる紙面が無限に大きいからです。新聞一つとっても、地方の新聞まで入れると相当あります。

業界の新聞、特定の新聞なら、数えきれないほどあります。

そのうえ、雑誌は相当あります。各種雑誌は、書店に並んでいるものだけでもすごい数です。

各会社の社内報にいたっては、それこそ数えきれないほどあります。

その多くの編集部の担当者は面白い作品はないか、といつもさがしています。

そういうところなら、記事としてすぐに掲載してくれます。読者が興味をもつようなものなら、日々の新聞、雑誌が採用してくれます。すると、何万人かの目に一気にふれます。そして、原稿料までくれます。

## (4) 案外と簡単に、○○の作品の説明はできる。それを短文で書いてみよう

多くの発明家は、○○の作品が記事として、新聞、雑誌などに、紹介されやすい、ということを知らないのです。だまっているから掲載されないのです。

そこで、あなたは、まず、他の人(第三者)にわかっていただけるように説明図(図面)と原稿を書いてみましょう。

口でいうよりは書くほうがずっと人に伝わりやすいです。いや、自分自身にわかるように書いてみましょう。いますぐに紹介したい作品がない人は、他の人(第三者)の作品をあなたが見て、原稿にまとめて、その感想を書いてみるのもいいでしょう。

私(中本)も、一般社団法人 発明学会(会員組織)の会員の作品を見て、600字くらいにまとめて、原稿と図面(写真)を新聞、雑誌に投稿しています。

発明家、技術者は、○○の作品を紹介するための原稿を書くのが苦手だ、という人がいます。それは食わずぎらいというヤツです。やってみると案外と簡単に書けるものです。

いや、自分は作文が苦手だ、……、といっている人ほどまとめてみると、何となく良くできた、といっていい気分にもなれるかもしれません。この機会に、難しいと考えるのはやめましょう。まず、自発的に書いてみましょうよ。理屈ではありません。

作品が製品に結び付いた発明家は、作品を説明するための原稿を書くのも上手です。その理由は、作品を考える「脳（のう）」のメカニズムと作品を説明するための原稿を書く脳のメカニズムが同じだからです。

## 12.「知的財産権」の権利料は

（1）「知的財産権」は、契約金とロイヤリティ「特許の実施料」をいただける

以前は、「特許（パテント）という知的財産権」でも、「意匠（デザイン）という知的財産権」でも、権利が取れていないと売り込み（プレゼン）はできませんでした。

最近は、特許庁に特許願の出願と同時でも大丈夫です。○○の作品が製品に結び付けば、契約

金とロイヤリティ「特許の実施料」がいただけます。いまは、権利が取れてから権利料を払いましょう。権利が取れたら契約しましょう。

……、など、という会社は少ないです。

そういうことをいわれたら、呈（てい）のいいお断りだ、と思ってください。よく、商品に「PAT．P（Patent Pending）」と表示されています。これは「特許出願中」という意味です。

それだけ、会社が「特許（パテント）という知的財産権」、「意匠（デザイン）という知的財産権」の必要性を認めているわけです。

「商標という知的財産権」だけは、権利が取れていないと買い手がつかないことは、以前と同じです。

そこで、たとえば、ウインナーにワンタッチで切れ目を入れられるように工夫した「ウインナーカッター」を思いついたら「ウインナーカッター」の作品、特許出願中「PAT．P」です。

……、と書いて、すぐに手紙「企画書」を送ってみることです。

ここで、「発明1年生」が一番気にすることがあります。それは、○○の作品、契約金とロイヤリティ「特許の実施料」、いったいどれくらいで契約していただけるかだろうか、……、ということです。

これは「特許（パテント）という知的財産権」、「意匠（デザイン）という知的財産権」などのことについてよく知っている発明家でさえ、そういった質問をしてきます。

発明家の本心は、なるべく高い金額で契約していただきたいと思っているからです。

買い手（会社）のほうは、なるべく安い金額で契約したいと思っています。

お互いに都合のいいことを考えます。そこに大きなギャップが生じるわけです。

## （2）売買の契約は、立会人をお願いするのか

発明家と買い手（会社）が直接交渉をすると、上手くいかないケースが出てきます。

それで、一般社団法人 発明学会（会員組織）のように、たくさん売買のお手伝いをしているところが立会人になって、間をとりもってはじめて妥協するケースもあります。

だから、あまり欲を出さずにほどほどで売買の契約を結んでいただきたいと思います。

入門したばかりの「発明1年生」から、次のような相談を受けることがあります。

中本先生、特許出願中のものが売れて、月々、ロイヤリティ「特許の実施料」をいただくことになりました。数年後、○○の作品が特許庁から拒絶（権利が取れなくて、NO）になってしまったら、いただいたお金は返すのですか。

とんでもない、それはずいぶん前の話です。いまはそういう会社はありません。いただいたお金は返さなくてもいいのです。売れた分だけ会社も儲けています。

ただ、拒絶査定（最終的にＮＯ）になってしまったら、その時点から、ロイヤリティ「特許の実施料」はいただけなくなるだけです。……、と答えます。

そういう正直な発明家もいます。それでも、心配なときは、契約するときに、会社の担当者とよく相談していろいろな条件を決めておきましょう。

契約金、ロイヤリティ「特許の実施料」は、どれくらいですか、これは作品の内容と種類にもよりますが、平均的にいうと、次のようになります。

**●契約金**

30〜１００万円くらいです。

**●ロイヤリティ「特許の実施料」**

２〜５％というのが一般的です。

本を出版したとき、著作権の印税は、本体価格の５〜10パーセントというのが一般的です。あまり欲張らないで、これくらいで妥協しましょう。

## 13. すぐに使える「契約書」の書き方

○○の作品が製品になりました。

この作品の実施の契約をするときは、両方に欲が出るので仲に立ってもらったほうがまとまりやすいことが多いです。

そのため、「発明1年生」の良き相談役として、頼りにされている、一般社団法人 発明学会（会員組織）に仲介の労を頼む人もいます。

「契約書」の書き方はふつうの民法によるものと同じです。

そこで、一例を紹介してみましょう。

「契約書」の書き方の形式は次のとおりです。書き方は、一般的には横書きです。

読者の方が実際に「契約書」を作成するときは、この見本を参考にしてまとめるといいでしょう。

## ◆契約書の見本

契　約　書

甲（権利者）○○県○○市○○町○丁目○番○号
○○○○　株式会社

乙（使用者）○○県○○市○○町○丁目○番○号
○○○○　株式会社
取締役社長　○○　○○

甲と乙は、下記出願中の条項について一般社団法人 発明学会立会のもとに専用実施権の設定契約をする。

第一条　甲と乙は下記について契約をする。
特願○○○○－○○○○○号　　発明の名称　○○○○

第二条　専用実施権及び権利発生後の専用実施権の範囲は次の通りとする。

期間　契約の日より権利存続中
内容　全範囲　　地域　国内

第三条　乙はこの本契約について、質権を設定し又は他人に実施を設定してはならない。
ただし、甲乙協議によって実施者を設定することができる。

第四条　乙は、自己の費用をもって権利発生後の専用実施権設定登録の手続をすることができる。

第五条　この契約によって乙は甲に対し、実施契約金として○○万円、実施料として卸し価格の○％の使用料を支払うものとする。

第六条　前条の使用料は経済事情その他に著しい変動が生じたときは、甲乙協議の上でこれを変動することができる。
協議がととのわないときは、立会人　一般社団法人　発明学会の意見にしたがう。
すでに支払われた実施契約金及び使用料は理由のいかんを問わず甲は乙に返還しない。

第七条　使用料の支払は毎月○日締切りとし翌月○○日までに、一般社団法人　発明学会を通じ現金をもって全額支払いをする。

第八条　甲は一般社団法人　発明学会を通じて必要に応じて乙からこの本契約の実施の状況その他の必要な事項についてその報告を求めることができる。

第九条　乙は契約の日より1年以内に製造販売し、また、特別の事情がない限り1年以上にわたり製造を中止してはならない。

第十条　この本契約については虚偽の報告その他不法行為等があったときは、甲は損害賠償の請求をすることができる。

第十一条　第二条、第三条、第五条より第十条について、乙又は甲が違反した場合立会人 一般社団法人 発明学会の了解のもとにこの契約を解除することができる。

第十二条　その他細則についてはそのつど書面で定める。

以上の契約を証するため、本書３通を作成し署名捺印の上各自その１通を所持する。

令和○年○月○○日

甲　○○県○○市○○町○丁目○番○号
○○　○○　(印)

乙　○○県○○市○○町○丁目○番○号
○○○○　株式会社
取締役社長　○○　○○　(印)

立会人　○○県○○市○○町○丁目○番○号
○○　○○　(印)

《まとめ》

契約おめでとうございます。

応援してくれた人に心から感謝しましょう。

美味しいお酒で乾杯しましょう。

楽しみにしています。

# あとがき

## ◆私があなたの思いつきの作品を見てアドバイスをしましょう

特許（発明）の本がたくさんある中で、本書を参考書に選んでいただきましてありがとうございます。

本書をお読みになったあなたは、さらに、作品を考えることが大好きになったと思います。近い将来、○○の作品が製品に結び付きそうな気がして、ワクワク、ドキドキしていると思います。それでいいのです。でも、そのときに、やっていただきたいことがあります。それは、「特許情報プラットフォーム（J-PlatPat）」などで情報を集めることです。そして、その内容を整理して、特許願の出願の書類の下書きを作成していただきたいのです。

……、といって、すぐに、特許願の出願をしてはいけませんよ。

特許願の出願をするときに、お金もかかります。自分で書いても、1万4000円の出願手数料（特許印紙代）と電子化手数料がかかります。

日本は、一番先に特許願の出願した人に権利を上げます。……、という制度です。そのことを、先願主義といいます。

本来ならば特許願の出願をしてから、売り込み（プレゼン）をするのが一番です。ところが、思いつきの作品で、試作品も作っていない。実験（テスト）もしていない。……、未完成の作品を急いで特許願の出願をしても、どこの会社も、〇〇の作品を製品に結び付けましょう。……、といってくれないのです。相手にもしてくれません。

たまたま、同じような作品が、製品になったとき、〇〇の作品は、私が提案したものと同じです。〇〇の作品をマネした。……、という人がいますが、それは違いますよ。

特許（発明）は、課題（問題）を解決する手段です。説明図（図面）を描いて、具体的な方法を示さないといけないのです。

こういうものがあればいいなあー、といった程度の思いつきの提案ではいけないのです。〇〇さんに「大好き」といっただけではいけません。相手に「大好き」といっていただけるように、口説かないといけないのです。そのプロセスが権利になるのです。

他力本願ではいけません。試作代、先願（先行技術）の調査料、出願料など、お金がかかります。でも、お金を使ったからといって、誰も、製品に結び付くパスポートは、発行してくれません。

その前に、〇〇の作品は、特許出願中（ＰＡＴ・Ｐ）です。……、と書いて、第一志望の会社に手紙で売り込み（プレゼン）をすることです。

○○の作品を気に入ってもらえれば返事は早いです。
お互いに信頼して売り込み（プレゼン）をしてみましょう。発明家も会社の担当者を信頼してください。会社の担当者も、その信頼にこたえてあげてください。会社も勝手に特許願の出願をするようなことはしません。将来、会社の信用問題になります。

とにかく、悩んでばかりいてはいけません。

一日も早く、ＯＫの返事をいただけるように行動しましょう。売り込み（プレゼン）と同時に、製品に結び付く可能性のチェックもできます。そのとき、盗用されたらどうしよう。

……、と心配な方は、○○の作品は、○○年○月○日に創作しました。……、といえるように、セールスポイント、説明図（図面）、イラスト、製品に結び付いたときのイメージ図などを描いて、その事実を残しておいていただきたいのです。売り込み文をそのまま残しておきましょう。それを証明できるように、公証役場を利用するのもいいでしょう。郵便切手の日付印（消印）を利用してもいいでしょう。

最初は、誰でも自分の作品は最高です。……、と思うものです。それで、一日も早く特許願の出願の手続きをしたいと思います。

そこで、私があなたの作品を拝見しましょう。これまでに体験したことをもとに、短期間でリッチな発明ライフが楽しめるように、最初に売り込み方、手紙の書き方などのアドバイスをさせてください。
○○の作品が特許（発明）になるのか、意匠になるのか、……、などのアドバイスをすることができます。
相談をしたいときは、本書を読んだと書名を書いて、説明書（明細書）と説明図（図面）、先行技術（先願）の書類のコピーをお送りください。

一言、本の感想を書いていただけると嬉しいです。

整理がしやすいように、できれば用紙はA４サイズの白紙を使用し、パソコン（Word）、または、丁寧（ていねい）な字で書いて、原稿は必ず写し（コピー）を送ってください。

返信用（切手を貼付、住所、氏名を書いてください）の封筒（定形外）も一緒に送ってください。返信用の切手とは別に、１回・１件体験相談の諸費用は、84円切手×８枚です。

これは、読者に対するサービスです。「発明ライフ（小冊子）５００円」プレゼントいたします。

〒１６２−００５５　東京都新宿区余丁町７番１号
一般社団法人　発明学会　気付　中本繁実　宛てへお願いします。

《著者略歴》

中本繁実（なかもと・しげみ）

１９５３年（昭和２８年）長崎県西海市大瀬戸町生まれ。

長崎工業高校卒、工学院大学工学部卒、１９７９年社団法人発明学会に入社し、現在は、会長。発明配達人として、講演、著作、テレビなどで「わかりやすい知的財産権の取り方・生かし方」、「わかりやすい特許出願書類の書き方」など、発明を企業に結びつけて製品化するための指導を行っている。初心者のかくれたアイデアを引き出し、たくみな図解力、軽妙洒脱な話力により、知的財産立国を目指す日本の発明最前線で活躍中。わかりやすい解説には定評がある。

座をなごませる進行役として、恋愛などのたとえばなし、言葉遊び（ダジャレ）を多用し、学生、受講生の意欲をたくみに引き出す講師（教師）として活躍している。洒落も、お酒も大好き。数多くの個人発明家に、成功ノウハウを伝授。発明・アイデアの指導の実績も豊富。

東京日曜発明学校校長、工学院大学非常勤講師、家では、非常勤お父さん。

日本経営協会　参与、改善・提案研究会 関東本部 企画運営委員

著作家、出版プロデューサー、１級テクニカルイラストレーション技能士。職業訓練指導員。

著書に『発明・アイデアの楽しみ方』（中央経済社）、『はじめて学ぶ知的財産権』（工学図書）、『発明に恋して一攫千金』（はまの出版）、『発明のすすめ』(勉誠出版)、『これでわかる立体図の描き方』(パワー社)、『誰にでもなれる発明お金持ち入門』（実業之日本社）、『はじめの一歩 一人で特許(実用新案・意匠・商標)の手続きをするならこの１冊　改訂版』(自由国民社)、『発明・特許への招待』『やさしい発明ビジネス入門』『まねされない地域・企業のブランド戦略』『発明魂』『知的財産権は誰でもとれる』『環境衛生工学の実践』（以上、日本地域社会研究所）、『特許出願かんたん教科書』(中央経済社)、『発明で一攫千金』(宝島社)、『発明！ヒット商品の開発』『企業が求める発明・アイデアがよくわかる本』『こうすれば発明・アイデアで一攫千金も夢じゃない！ あなたの出番ですよ』(以上、日本地域社会研究所）など多数。

監修に『面白いほどよくわかる発明の世界史』（日本文芸社）、『売れるネーミングの商標出願法』『誰でも上手にイラストが描ける！ 基礎とコツ』（共に日本地域社会研究所）などがある。

監修／テキストの執筆に、がくぶん『アイデア商品開発講座（通信教育）』テキスト６冊がある。

知識《ちしき》・知恵《ちえ》・素敵《すてき》なアイデアを
お金《かね》にする教科書《きょうかしょ》

2019年12月31日　第1刷発行

著　者　中本繁実《なかもとしげみ》
発行者　落合英秋
発行所　株式会社 日本地域社会研究所
〒167-0043　東京都杉並区上荻1-25-1
TEL　(03) 5397-1231(代表)
FAX　(03) 5397-1237
メールアドレス tps@n-chiken.com
ホームページ http://www.n-chiken.com
郵便振替口座 00150-1-41143
印刷所　中央精版印刷株式会社


ISBN978-4-89022-254-4

## 日本地域社会研究所の好評図書

### 女流歌人が詠み解く！ 万葉歌の世界

久恒啓一監修／久恒啓子著…万葉時代の庶民たちはどんな思いで歌を詠んでいたのか。恋・望郷・家族の絆・祈りなど詩情豊かな歌の世界へ誘う。古典に学び、万葉びとの世界を楽しむ書！ 山上憶良の歌、防人の歌、東歌なども収録。

46判336頁／2200円

### 不登校を直すひきこもりを救う 原因の分析とその対処法は間違っていないか？

三浦清一郎著…家庭での親の過保護・過干渉は子どもの自立を遅らせ、世間に出られない子をつくる原因になる。社会問題化している不登校・引きこもりの現状を憂い、支援方法の抜本的な再検討の必要性を説く。

46判133頁／1400円

### 偉人の命日366名言集 ～人生が豊かになる一日一言～

多摩大学出版会編／久恒啓一著…きょう亡くなった偉人がのこした名言から、いい生き方や人生哲学を学ぶ。古今東西の偉人たちはどう生き、どう最期を迎え死んでいったのか。式典の挨拶、スピーチにも使える名言の数々を網羅した座右の書！

46判478頁／3241円

### 日本をよくするために日銀の株を買いなさい！

石川和夫著／日本の銀行研究会編／一般社団法人経営実践支援協会監修…最大の利権を獲得、保持し、国民を犠牲にしてきたわが国の巨大銀行を国民のための銀行にするために、みんなで日銀の株の保有しようと呼びかける話題の書。

46判147頁／1480円

### 千利休は生きている！ 上巻

石井健次著…武力が支配した戦国時代に、権勢に文化（茶の湯）で抗った千利休。権力は栄枯盛衰、文化は千年を超えて生き続ける。茶聖・千利休が時空を超えて現代に蘇る。驚くべき歴史未来小説！

46判257頁／2000円

### 千利休は生きている！ 下巻

石井健次著…いかに生き、いかに死ぬか。死生観が軽視され、考えることを忘れた現代人に、千利休が茶道を通じて伝えたかったことは何かを解き明かす歴史未来小説！

46判253頁／2000円

## 日本地域社会研究所の好評図書

中本繁実著…発想のヒントから企業への売り込み・商品化までを発明学会会長が丁寧に解説してくれるビジネス書。出願書類の書き方はもちろん、そのまま使える見本・練習用紙付き。町の発明家が億万長者に大化けするかも…。

### 完全マニュアル！ 発明・特許ビジネス

A5判236頁／2200円

玉木賢明著…過疎化や高齢化などで全国的に増える空き家。地域の資源として有効に使い、手入れ・再生・復活するために専門の弁護士が法律問題だけでなく、先進事例や新しい取り組みなども紹介。行政や企業、地主・家主などの必読・必備書！

### 空き家対策の処方箋 利・活用で地域・都市は甦る！

46判155頁／1680円

桜庭昇著／一般社団法人ザ・コミュニティ編…山菜採り・無農薬の自家菜園づくり30年の経験から、みんなの健康づくりにも役立つ本物の情報をおしみなく紹介！ 農と食の王国シリーズ第3弾！

### おいしい山野菜の王国 ～自然な山野菜の薬効成分と採り方・育て方・食べ方～

46判110頁／1000円

高島豊蔵著／白濱洋征監修…理想の幼児教育を求めて、102歳で亡くなるまで生涯現役を貫いた園長先生の魂の記録。生きるとは、教育とは、戦争とは、学ぶとは何かを考えさせられる啓蒙の書。

### 高島豊蔵自伝 北海道の子どもたちの夢と希望をひらいた真の教育者

46判153頁／1300円

三浦清一郎著…高齢になっても、独りになっても、老いに負けず、世間から取り残されず、生きがいをもって充実した楽しい人生を送るための指南書！

### 老いてひとりを生き抜く！ ～暮らしに負けず、自分に負けず、世間に負けず～

46判174頁／1480円

遠藤伸一著／一般社団法人発明学会監修…「アイデア」で数千万円の収入も夢じゃない！商品製作の基本や失敗しない商品開発、奇想天外な販路戦略など、ためになるオトク情報が盛りだくさん。発明は楽しいを実感できるうれしい1冊！

### あなたの「アイデア」商品がお店に並びます！ 頭の体操！発明は楽しい

46判201頁／1700円

## 日本地域社会研究所の好評図書

小野恒ほか著・中川恵一監修…がんの治療法は医師ではなく患者が選ぶ時代。告知と同時に治療法の選択をせまられる。正しい知識と情報が病気に立ち向かう第一歩だ。治療の実際と前立腺がんを経験した患者たちの生の声をつづった一冊。

**前立腺がん患者が放射線治療法を選択した理由**
**がんを克服するために**

46判174頁／1280円

中本繁実著…細やかな観察とマメな情報収集、的確な整理が成功を生む。アイデアのヒントは日々の生活の中に埋もれている。好きをお金に変えようと呼びかける楽しい本。

**こうすれば発明・アイデアで「一攫千金」も夢じゃない！**
**あなたの出番ですよ！**

46判205頁／1680円

三浦清一郎著…「やること」も、「行くところ」もない、「毎日が日曜日」の「自由の刑（サルトル）」は高齢者を一気に衰弱に追い込む。終末の生き方は人それぞれだが、現役への執着は、人生を戦って生きようとする人の美学であると筆者は語る。

**高齢期の生き方カルタ**
**～動けば元気、休めば錆びる～**

46判132頁／1400円

久恒啓一・八木哲郎著／知的生産の技術研究会編…梅棹忠夫の名著『知的生産の技術』に触発されて1970年に設立された知的生産の技術研究会が研究し続けてきた、知的創造の活動と進化を一挙に公開。巻末資料に研究会の紹介も収録されている。

**新・深・真　知的生産の技術**
**知の巨人・梅棹忠夫に学んだ市民たちの活動と進化**

46判223頁／1800円

宮﨑敏明著／地球対話ラボ編…東日本大震災で甚大な津波被害を受けた島の小学校が図画工作の授業を中心に取り組んだ「宮古復興プロジェクトC」の記録。災害の多い日本で、復興教育の重要性も合わせて説く啓蒙の書。

**大震災を体験した子どもたちの記録**

A5判218頁／1389円

斉藤三笑・絵と文…近年、東京も国際化が進み、町で外国人を見かけることが多くなってきました。日本に来たばかりの生徒も、この本を見て、すぐにみんなと将棋を楽しんだり、将棋大会に参加するなんてこともできるかもしれません。（あとがきより）

**日英2カ国語の将棋えほん**
**漢字が読めなくても将棋ができる！**

A4判上製48頁／2500円

※表示価格はすべて本体価格です。別途、消費税が加算されます。